知识产权转让及许可系列丛书
国家知识产权局专利管理司 组织翻译

# I ntellectual Property Licensing Strategies
Leading Lawyers on Analyzing Trends
in IP Licensing and Drafting Effective Agreements

# 知识产权许可策略

## 美国顶尖律师谈知识产权动态
## 分析及如何草拟有效协议

埃里克·亚当斯　罗威尔·克雷格　玛莎·莱斯曼·卡兹　等著

王永生　殷亚敏　译

王双龙　审校

知识产权出版社
全国百佳图书出版单位

**图书在版编目（CIP）数据**

知识产权许可策略：美国顶尖律师谈知识产权动态分析及如何草拟有效协议/（英）亚当斯（Adams，E. M.），（英）克雷格（Craig R. W.），（英）卡兹（Katz，M. L.）著；国家知识产权局专利管理司译. —北京：知识产权出版社，2014. 3（2015. 10 重印）

书名原文：Intellectual Property Licensing Strategies：Leading Lawyers on Analyzing Trends in IP Licensing and Drafting Effective Agreements

ISBN 978-7-5130-2592-8

Ⅰ.①知… Ⅱ.①亚…②玛…③卡…④国… Ⅲ.①知识产权—研究 Ⅳ.①D913.04

中国版本图书馆 CIP 数据核字（2014）第 028884 号

| | | |
|---|---|---|
| **责任编辑：**李　琳　卢海鹰　王祝兰 | | **责任校对：**董志英 |
| **装帧设计：**王祝兰 | | **责任出版：**卢运霞 |

知识产权转让及许可系列丛书

# 知识产权许可策略
## ——美国顶尖律师谈知识产权动态分析及如何草拟有效协议

埃里克·亚当斯　罗威尔·克雷格　玛莎·莱斯曼·卡兹　等著

国家知识产权局专利管理司　组织翻译

王永生　殷亚敏　译

王双龙　审校

| | | |
|---|---|---|
| 出版发行： | 知识产权出版社有限责任公司 | 网　　址：http：//www. ipph. cn |
| 社　　址： | 北京市海淀区马甸南村 1 号 | 邮　　编：100088 |
| 责编电话： | 010 – 82000860 转 8122 | 责编邮箱：lilin@ cnipr. com |
| 发行电话： | 010 – 82000860 转 8101/8102 | 发行传真：010 – 82000893/82005070/82000270 |
| 印　　刷： | 保定市中画美凯印刷有限公司 | 经　　销：各大网络书店、新华书店及相关专业书店 |
| 开　　本： | 720mm×1000mm　1/16 | 印　　张：9 |
| 版　　次： | 2014 年 4 月第 1 版 | 印　　次：2015 年 10 月第 2 次印刷 |
| 字　　数： | 130 千字 | 定　　价：32. 00 元 |
| 京权图字： | 01 – 2013 – 7695 | |
| ISBN 978 - 7 -5130 -2592 -8 | | |

# 序　言

在当今经济全球化的背景下，世界范围内的产业转型升级不断加快，以自然资源和廉价劳动力为代表的传统生产要素对经济增长的边际贡献率呈递减趋势，而以专利为代表的知识产权对经济社会发展的推动作用日益凸显。国家竞争力越来越表现为对知识产权的拥有和运用能力。

近年来，随着我国技术创新能力的显著增强和社会公众知识产权意识的不断提高，专利数量持续快速增长，到 2013 年底，我国发明专利受理量已连续三年保持世界首位，国内专利有效量已超过 350 多万件，每万人口发明专利拥有量达 4.0 件，提前完成了"十二五"规划目标。

实现建成创新型国家的目标，拥有创新资源仅是基础，促进专利价值实现，将创新优势转化为市场优势才是关键。知识产权转移转化既能使市场主体获得利润和差异化竞争优势，提升市场主体创新积极性，促进创新良性循环，也有利于推动我国经济转型升级，引导传统产业结构调整和战略性新兴产业培育发展，缓解我国资源环境约束，形成新的经济增长动力。提升知识产权转移转化能力，是建设创新型国家的迫切需要。

整体上看，我国知识产权运用和管理水平不高，理论方法研究薄弱，缺少实操经验，许多企业在国际贸易竞争中，因缺乏谈判经验和技巧而承担高昂的"学习"费用。企业、高校及科研机构迫切希望在知识产权运用和管理方面得到科学的指导和帮助，增强专利运营能力和市场竞争力。

为深入贯彻党的十八大和十八届三中全会重要精神，全面落实

《国家知识产权战略纲要》，服务并推动市场主体加快知识产权转移转化，国家知识产权局经广泛调研，并经行业内专家推荐，遴选引进了国外部分优秀著作，组织翻译了这套知识产权转让及许可系列丛书，涵盖了知识产权许可转让、技术秘密、跨国公司商业模式和竞争策略、许可协议起草及谈判技巧、企业知识产权管理等内容。此套丛书的编译得到了全国知识产权行政管理部门、高等院校、专业服务机构及业内知名专家的积极响应和支持。

　　希望这套丛书的出版，能够为我国知识产权从业人员探寻和解决知识产权转移转化的实际操作问题提供有益参考，并为完善我国知识产权运用和管理的理论和实践发挥积极的作用。

# 目　　录

# 最近的法律判决
# 对专利许可的影响

埃里克·亚当斯
（迈哈非韦伯律师事务所，股东）

# 引　言

法律总是随着形势的不断变化，而处于持续的发展变化之中，最近几十年来技术的爆发式发展也使得法庭经历了诸多前所未有的全新案件。由于法庭在不停地公布新的判决书，立法机构也在颁布新的法律，商业从业者必须不停地对其拥有的知识产权（IP）的最佳保护方式进行重新评估。另外，在这个不停变化的年代，律师必须重点关注那些可能构成许可协议的每一项条款，并容许将来可能发生的无论是可预见的还是不可预见的变化。这点亦至关重要。

## 客户在专利许可事务中的关注点

我的客户主要来自以下领域：软件、油田机具、制造业/产品、制造业/加工以及医药技术领域。自我投身这一领域，我的客户层并没有发生太大的变动，但软件领域除外；我发现在软件领域，越来越少的客户通过专利来保护他们的知识产权，他们更倾向于采用商业秘密的策略来保护知识产权。

客户更倾向于选择商业秘密的保护方式的原因有多种。例如，对于商业秘密保护和专利保护来说，采取一些必要的保护步骤的成本，前者的费用更少。另外，许多客户认为在专利申请中对技术的详尽描述，很容易使竞争者创造出一个替代的产品或方法；在某些公司还存在一种想法，那就是他们感觉现在的专利法已经变得对被告更为有利，执法难度加大。例如，许多专利权人都认为马可曼（Markman）程序对所谓的侵权者来说是一个机会，他们可以坚持对每一个术语作出定义，希望其中至少会有一个被判定不具侵权性[1][2]，专利及专利权利要

---

[1]　See Markman v. Westview Instruments Inc. , 517 U. S. 370（1996）. 参见马克曼 v. 西景仪器公司案，517 U. S. 370（1996）.

[2]　马克曼程序产生于美国判例法。1996 年 4 月 23 日，美国联邦最高法院就马克曼 v. 西景仪器公司案作出终审裁决。明确规定，专利权利要求的解释，包括对权利要求中词汇的解释是法律问题，由法院管辖，而不是事实问题，不归陪审团管辖。此后，专门用于解释专利权利要求的司法程序——马克曼程序逐渐在美国各联邦法院盛行。其基本含义是：在专利诉讼中（无论是之前、之中或之后）。——译者注

求书中的某些定义由法官根据诉讼双方的答辩决定。被告在马克曼程序中胜诉后，往往会要求法院不再开庭审理专利侵权问题，直接宣告被告不侵权，并驳回原告的诉讼请求。法院一般会支持被告的动议，并作出对被告有利的不审即判裁决。另外，尽管我的客户还是来自上述几个领域，但最近貌似有更多的小公司来频频地咨询于我。

在有关许可的洽谈中，小公司变得越来越注重对其自身的商业秘密进行保护。这主要源于两种情况。第一种情况，公司已经经历过许可洽谈（或者一些其他类型的商业会谈），这些洽谈并没有法律代表的参与。公司在没签订任何类似保密协议文件的情况下将方案和盘说出。六个月后，谈判的方向仍不明朗，而参与谈判的另一家公司却在销售着一款类似的产品或使用一种类似的方法。在被如此戏耍伤害之后，通常是在举行类似的会议之前，这些小公司会就如何进行自我保护去咨询法律意见。第二种情况，公司能够很好地保护自己的商业秘密，并深知个中价值。这些公司希望为其商业秘密提供更多保护，会雇用法律代表参与谈判协商。

这些小公司经常问的一个问题就是，拥有一份保密协议能带来什么实际好处。毕竟，他们刚刚支付了一笔律师费用来制订这么一份协议。他们的忧虑是虽然有协议，但其他公司完全可以简单地撕毁协议，尤其是对那些在其他州或其他国家运作的公司更是如此。如果他们面对的是一家大型公司，他们还担心这些大公司会甘冒付之诉讼的风险，因为大公司明白这些小公司一般无力支付诉讼费。

在诸如专利、版权等知识产权的其他领域，潜在的被许可方能够接触到知识产权，一些公司也面临同样的担心。一些小公司在面对一些大公司的不太公平的条款时备感压力，因为他们随时可以简单地终止谈判，并且开始侵权行为。这些小公司再一次意识到，他们无力支付诉讼费，来维护自己的权益。因此，那些大公司可以尽其所能、取其所取也就不足为怪了。因此，对于那些小公司来说，尽管和大公司存在着不平等的财政资源条件，他们和大公司打交道时努力争取的目标仍是获得一份公平的协议。

## 比尔斯基案（Bilski 案）和其他法律判决对许可策略的影响

对那些拥有专利的软件公司来说，最近的一些法律判决对许可相关事宜产生了些许不确定性。这些不确定性始于联邦巡回法院对 Bilski 案的判决❶，直至今天，当法院处理计算机相关技术、决定可专利标的物（patentable subject matter）的范围时，该案仍有影响。我们简单浏览一下自联邦最高法院判决以来的一些上诉观点，或许对解释这些不确定性的来源有些许帮助。

根据美国法典第 35 编❷第 101 条（35 U. S. C § 101）"无论任何人发明或者发现了任何新颖、实用的工艺方法、机器、制造物或者合成物，或对上述事项作出了新颖、实用的改进，则若其符合本条所规定之条件和要求，其都有权取得相应的专利权。"❸（Whoever invents or discovers any new and useful process, machine, manufacture, or composition of matter, or any new and useful improvement thereof may obtain a patent therefor, subject to the conditions and requirements of this title.），联邦最高法院在 2008 年 10 月 30 日公布了对 Bilski 案的意见，认为在第 101 条❹下机器或状态转化测试（Machine－or－Transformation Test）是判定所述方法是否具备专利适格性的唯一标准。符合第 101 条之专利适格性的条件是，所请求的方法必须依附于特定机械或设施❺。这些特定地机器的使用必须对权利要求的范围构成重要的限定（must impose meaningful limits），由此才具备专利适格性❻。"机器"定义如下："一个具体的物体，由部件或装置或装置的组合构成。其包含能够执行某些功能、或产生某些效果或结果的任何一种机械装置或者机械动力与

---

❶ In re Bilski. 545 F. 3d 943（Fed. Cir 2008）.
❷ 即美国专利法。——译者注
❸ 35 U. S. C. § 101（2012）.
❹ In re Bilski, 545 F. 3d at 961.
❺ Id. at 954.
❻ Id. at 961.

装置的组合。"❶ 有关机器或状态转化测试的第二种情形是，所请求的方法是否将一个特定物体装换成一种不同的形态或物体。❷

联邦巡回法院指出 Bilski 案中有争议的权利要求属于商业方法（business method）权利要求❸，联邦巡回法院同时指出"将留给以后的案例来仔细斟酌机器测试的精确范围，以及一些特殊问题的答案，例如电脑上的运行是否符合一个方法权利要求与一种特定机器的结合。"❹ 联邦巡回法院作出的判决被上诉至美国联邦最高法院，并被联邦最高法院受理。❺

2012 年 6 月 28 日，联邦最高法院公布了其判决意见书❻。在判决书中，联邦最高法院认为根据第 101 条规定"自然规律（law of nature），天然现象（natural phenomenon）和抽象思维（abstract idea）"❼都不具备专利申请的资格。

联邦最高法院同时说，"机器或状态转化测试"并不是判定专利适格性的唯一依据。❽ 而联邦最高法院还说明，对要求保护的发明要仔细地调查，看它们是否属于自然规律，天然现象和抽象思维。❾

Bilski 声明商业方法应该归入可交易的商品。❿ 联邦最高法院特别指出，其并不是在"对任何特殊发明的专利性进行评论，更不用说其会对上述来自信息时代的技术是否会受到专利保护持有主张了"。⓫ 因此，不论是联邦巡回法院，还是联邦最高法院，他们的意见书均未对一种计算机执行的方法是否具备专利适格性进行明确说明。⓬ 然而，两

---

❶  SIRF Tech. Inc. v. Int' l Trade Comm. , 601 F. 3d 1319, 1332 (Fed. Cir. 2010) .

❷  In re Bilski, 545 F. 3d at 954.

❸  Id. at 962.

❹  In re Bilski, 545 F. 3d at 962.

❺  Bilski v. Kappos, 130 S. Ct. 3218 (2010).

❻  Id.

❼  Id. at 3225.

❽  Id. at 3226.

❾  Id.

❿  该专利申请请求为"指导买方和卖方如何在经济的断续期避免价格波动风险的方法"提供保护。

⓫  Bilski, 130 S. Ct. at 3228.

⓬  Id. ; In re Bilski, 545 F. 3d at 962.

份意见书中都说明在将来的案例中可能会作出决定。❶ 尽管如此，联邦最高法院认为计算机参与的过程（process）可以具备专利适格性。❷ 法院解释到，Benson 案❸涉及对一种算法公式申请专利，但法院同时指出其对 Dirhr 案的判决特别指出计算机参与的过程具备专利适格性。❹ 因此，对那些拥有计算机相关技术专利的人来说，对于他们专利的效力，还存在很大的不确定性。

当年年末，也就是 2010 年 12 月 8 日，针对计算机相关技术在第 101 条下的专利适格性，联邦巡回法院发布了自联邦最高法院发布 Bilski 案意见书以来的首份判决意见书。❺ 在联邦最高法院对 Bilski 案判决之后，在 Research Corp 案之前，其间联邦巡回法院根据美国法典第 35 编第 101 条的确也发布了一些有关专利适格性的判决意见书，但这些案例均没有涉及计算机技术。

Research Corp. 案涉及六件与数码图片半色调处理技术有关的专利。❻ 联邦地区法院对此案发布了一份即决判决（summary judgment），认为基于专利法第 101 条有争议的权利要求无效。❼ 在 Research Corp 案中，联邦地区法院认可了联邦最高法院基于第 101 条对专利适格性标准的放宽。

> 第 101 条强调"任何"属于四个独立范畴（工艺方法、机器、制造物或者合成物）的标的物，或者"任何"关于上

---

❶ Bilski, 130 S. Ct. at 3228；In re Bilski. 545 F. 3d at 962.

❷ Bilski, 130 S. Ct. at 3230.

❸ 在 Benson 一案中，美国专利商标局拒绝授权给将二进制编码表达的十进制数据转换为纯二进制的计算机程序方法的专利权利要求。但美国关税与专利上诉法院却认为，根据美国法典第 35 编第 101 条规定，该权利要求属于专利保护范围。联邦最高法院认为，该案涉及的方法权利要求涉及计算机，并且该方法的实际使用必须由计算机操作，因此这些方法权利要求涵盖了相关算法的所有实际使用（因为不存在不用计算机操作的实际用途），所以这些方法权利要求不属于专利保护范围。——译者注

❹ Id.（discussing Gottschalk v. Benson, 93 S. Ct 253（1972）and Diamond v. Diehr, 101 S. Ct. 1048（1981）.

❺ Research Corp. Techs. Inc. v. Microsoft Corp. 627 F. 3d 859（Fed. Cir. 2010）.

❻ Id. at 862.

❼ Id. at 866.

述标的物的改进都具备获得保护的资格。最近联邦最高法院再次强调了这些广泛的法定范畴的意义，使用了两个"任何"增强其广泛性。❶

联邦巡回法院随后指出"联邦最高法院已经'不止一次地警告法院（判决）不应该曲解为对专利法局限性或者立法没有解释到的情况的解读。'"❷ 另外，联邦巡回法院注意到联邦最高法院的说明，即"第101条适格性不应成为美国法典第35编（美国专利法）中与先前技术、充分披露或专利法规定的其他条件和要求相关进行可专利性分析的替代规定。"❸

随后，联邦巡回法院审查了被第101条排除在外的三种权利要求：自然规律，天然现象和抽象概念。❹ 争议中的权利要求并不属于自然法则或者物理现象的范畴，大家对此并无异议。❺ 因此，联邦巡回法院把调查的重点放在了本发明的标的物是否属于抽象概念，并指出"关于抽象性，并没有精确的格式或定义。"❻

联邦巡回法院随后认为权利要求中的过程标的物并非抽象的。❼ 之所以这么认为，原因是权利要求中的过程是处理有形之物的方法，其中就包括"存储器"。❽ 在 Research Corp. 一案中，联邦巡回法院提及本发明为"计算机技术领域内的功能性和可触知性应用"，并引用到"存储器"和"打印和显示设备"，❾ 因此联邦巡回法院确认了自己的观点，即认为权利要求中的过程为可取得专利权的标的物。这成为支持计算机相关技术获取专利权的首个案例。

---

❶ Id. at 867（citing Bilski. 130 S. Ct. at 3225）.

❷ Research Corp.. 627 F. 3d at 867（citing Diamond v. Diehr. 450 U. S. 175（1981））.

❸ Research Corp., 627 F. 3d at 868.

❹ Id.

❺ Id.

❻ Research Corp., 627 F. 3d at 868.

❼ Id.

❽ Research Corp., 627 F. 3d at 869.

❾ Id.

几乎是在 10 天后，联邦巡回法院就专利适格性又公布了一份判决书。❶在普罗米修斯实验室公司（Prometheus）一案中，专利申请范围为"确定最佳巯基嘌呤剂量的方法，用来治疗肠胃炎和非消化道自身免疫性疾病"。❷尽管这份判决书没有涉及计算机相关技术，联邦巡回法庭的确认为该方法权利要求具备专利适格性，因为其并不是简单地数据收集和计算。❸然而，随后这份决议在 2012 年 3 月被美国联邦最高法院推翻。❹❺

关于计算机相关技术及其可专利性，联邦巡回法院作出的下一份判决书是关于 Cybersouce 案。❻ 在 CyberSource 一案中，专利被这样描述："一种方法和系统，用以监测消费者和商家在互联网上通过使用信用卡交易过程中存在的欺诈行为"。❼ 联邦巡回法院发现互联网"仅仅被描述为数据的来源，我们认为仅仅【搜集数据的】步骤并不能使不符法律规定的权利要求具备法律效力。"❽ 另外，联邦巡回法院还认为权利要求中讨论的所有步骤均可以在人脑中自行执行，并不具备可专利性。❾

一个月之后，联邦巡回法院处理了另外一个案例——Ultramercial 案。该专利权利要求申请保护"一种通过互联网传播受版权保护产品的方法……消费者可以免费获取受版权保护的产品，作为交换其应浏览一则广告，广告商则对受版权保护内容进行相应的支付。"❿ 法院意识到该专利请求由广告来充当货币的作用，并且其确实公开了对此概

---

❶ Prometheus Labs. Inc. v. Mayo Collaborative Servs. 628 F. 3d 1347（Fed. Cir. 2010）

❷ Id. at 1349 – 1350.

❸ Id. at 1356.

❹ Mayo Collaborative Servs. v. Prometheus Labs. Inc. , 132 S. Ct. 1289（2012）.

❺ 2012 年 3 月 20 日，美国联邦最高法院判决普罗米修斯实验室公司开发的两种用来对病人所需的药物剂量进行校准的诊断方法不符合可授予专利权的标准。这就公开地表明 Prometheus 公司针对这两种方法申请并得到授权的两件专利 U. S. Patent No. 6，355，623 B2 和 U. S. Patent No. 6，680，302 B2 被美国联邦最高法院判为无效。——译者注

❻ CyberSource Corp. v. Retail Decisions Inc. , 654 F. 3d 1366（Fed. Cir. 2011）.

❼ Id. at 1367.

❽ CyberSource Corp. v. Retail Decisions Inc. , 654 F. 3d 1366（Fed. Cir. 2011）. at 1370.

❾ Id. at 1373.

❿ Ultramercial LLC v. Hulu LLC, 657 F. 3d 1323, 1324（Fed. Cir. 2011）.

念的一种切实可行的应用。❶ 而且，上述方法的某些步骤要求对互联网和网上交易环境的具体应用。❷ 法院还指出，复杂的计算机编程可能成为其中一个必要条件。❸ 接着法院作出了如下说明：

> 在由计算机执行的方法具备专利适格性之前，本法院不会对编程的复杂程度作出界定，亦不会认定在任何情况下使用互联网网站来执行此方法是满足第 101 条规定的充分或必要条件。本法院只是认为本案中的权利要求范围具备专利适格性，在某种程度上是基于上述这些因素。❹

还应注意的是，鉴于美国联邦最高法院对 Prometheus 一案的判决，针对此案联邦最高法院颁布了调案复审令（writ of certiorari），撤销了原判决，并把此案发回联邦巡回法院进行重审。❺

联邦巡回法院处理的下一个案例是 Fuzzysharp 案。❻ Fuzzysharp 公司拥有几件专利，披露了"一种降低 3D 图形系统中去除隐藏表面的复杂性的方法"。❼ Fuzzysharp 公司认为其权利要求依赖于特殊的机器，因为其要使用计算机。❽ 联邦巡回法院对此点并不接受，认为某些权利要求需要一般意义上的计算机，但这并未对权利要求的范围产生实际意义上的限制。❾ 联邦地区法院是在联邦最高法院就 Bilski 案例发布判决之前作出的判决，联邦巡回法院撤销了联邦地区法院的简易判决，发回重审，并要求进行额外的范围界定（claim construction）。❿

---

❶ Id. at 1328.

❷ Id.

❸ Id.

❹ Id.

❺ WildTangent Inc. v. Ultramercial LLC，132 S. Ct. 2431（2012）：Prometheus Labs. Inc.，132 S. Ct. 1289.

❻ Fuzzysharp Techs. Inc. v. 3DLabs Inc. Ltd.，447 Fed. Appx. 182（Fed. Cir. 2011）.

❼ Fuzzysharp Techs. Inc. v. 3DLabs Inc. Ltd.，447 Fed. Appx. 182（Fed. Cir. 2011）. at 183.

❽ Id. at 184.

❾ Id. at 185.

❿ Id. at 186.

Fuzzysharp 之后，联邦巡回法院就专利适格性和计算机相关权利要求又公布了四份判决书，包括 Dealertrack 案❶（认为仅仅增加一个"计算机辅助"限制并不能使一件专利具备专利适格性）、Fort Properties 案❷（认为仅仅增加一个"计算机辅助"限制并不能使一件专利具备专利适格性）、CLS Bank 案❸（该争议的专利中对计算机执行步骤的使用足以能够避免法院裁决该权利要求不具备专利适格性），以及 Bancorp案❹（Bancorp 的专利并未要求使用计算机，即使其使用计算机，也不会因为仅仅加上"计算机辅助"的限制而被判决具备专利适格性）。当然随着更多判决书的公布，现有与计算机相关的专利的实施生效便会有更大的确定性。另外，在国内有许多联邦地区法院经常会碰到类似的问题，这能提供一些额外的指导意见。

以上是对 Bilski 案后的判决进行的粗略回顾，目的是演示一下这个特殊议题是如何的错综复杂，并导致了许多不确定性。这些判决造成的影响就是，本领域的许多专利持有人对他们所持有专利的可执行性心存忧虑，面对目前业已成本高昂的诉讼，至少他们对处理此类事宜的成本也变得更为关心。在对专利许可费或使用费进行商谈的过程中，这无疑是专利持有人想从中获益的地方。

## 与客户的首次会议

与进行知识产权许可转让的客户进行首次会面取决于几个因素。这些因素包括但不限于——这是否是与该客户的首次合作，该客户是否是拥有了新技术的老客户，该公司是否具有专门的法律顾问，以及该客户是否是对授权转让毫无经验的个人等。每个首次会面都会各不相同。

对客户的技术及该技术的开发过程有所了解也十分重要。举例来

---

❶ Dealertrack Inc. v. Huber, 674 F. 3d 1315（Fed. Cir. 2012）.

❷ Fort Props. Inc. v. American Master Lease LLC. 671 F. 3d 1317（Fed. Cir. 2012）.

❸ CLS Bank Intern. v. Alice Corp. Pty. Ltd. , 685 F. 3d 1341（Fed. Cir. 2012）.

❹ Bancorp Serviees L. L. C. v. Sun Life Assur. Co. of Canada（U. S.）, 687 F. 3d 1266（Fed. Cir. 2012）.

说，在对一项特定技术的专利进行搜索过程中，如果出现一些问题，那么这些问题都需要研究解决。而且，假如出现的问题与列名发明人相关，其会对公司是否能进行排他授权许可造成影响。所有权也是一个需要探讨的重要议题，以后出现的与此相关的任何分歧都有可能导致诉讼。如果你的客户只是寻求专利或者商标保护，那么了解其寻求保护已经处于流程中的哪一个阶段是十分必要的。

全面理解客户的商业目标、知悉客户具体关切的问题也尤为重要。这将视具体情况而定。例如，如果客户是毫无授权经验的个体，那么他或她可能只关心专利的许可费用，其对技术的界定或协议中的某些条款可能产生的陷阱可能就不太重视。

而且，这些客户通常对准据法的选择、责任限制条款、审判地、以及其他一些标准的合同规定不大重视。这种重视度的缺乏是可以理解的。这些标准的合同条款无处不在，从安装有线电视到进行管道工程均离不开它们。正是如此司空见惯，以至于很多人对它们视而不见。毕竟他们已经雇用了律师来帮助他们来打理这些条款。当然也有其他的情况，有些客户经验比较丰富，他们只是在问题出现时向一些人咨询一些法律问题，并就专利许可的谈判以及合同的起草征询这些法律人士的意见。

## 许可事宜过程中客户和律师的角色

在授权许可的过程中，客户必须真诚、坦率，对他或她的律师做到及时响应，并能回答律师提出的任何问题。

如上面讨论的，在此过程中律师的角色根据具体情况各有不同。整体上来讲，律师的主要职责是保护其客户的权益。这意味着他们要注意寻找将来如有分歧或可能导致诉讼的地方。他们的职责也包括与客户讨论、交流将来可能会暴露的一些问题。例如，针对预期的诉讼进行的未完成的无律师参与的交流，很有可能不受保密条款或披露义务的保护。因此，即使在公司内部的交流有时也有披露的义务。如果产生诉讼，对客户来说了解哪些内容受保密条款的保护可不予披露是十分重要的。

最后，签署授权许可协议，这可能涉及诸多不同的商业决策。假如客户有意愿同意某一条款，比如设定 X 州为判决地，并以此为交换争取另外一些东西，律师则应向客户提出建议，在那个判决地可能会遇到的一些困难或会带来哪些益处。但最后，仍要由客户作出最终决定。例如，假设协议包含违约赔偿条款，客户有可能接受设定 X 州为判决地。在其他时候，如何想要协议在法律上得以实施，对一些具体的法律议题，客户则可能没有什么自由裁决权。

律师必须反应迅速，并使客户随时通晓最新进展。这就需要保持沟通的通畅，以避免任何曲解误会。另外，在这个通过电子邮件来交流草稿的时代，律师要对元数据小心谨慎对待，其可能会泄露律师根据自己的想法或客户的意见而进行的修改变更。

要记住诉讼是强制执行的最后一道防线。律师的参与是为了提供法律意见和保持客观。律师就客户的商业运营询问一些问题，并着眼于以后的诉讼——尤其是有关电子取证以及一些社交议题，这都无可非议。

要使客户理解其必须遵守许可协议下的责任和义务，这也同样重要。如果其相信对方存在违约或预期违约行为，那么他应及时联系律师，而不是把问题放在自己手中。由此，你的客户才会在法庭上处于一个最佳位置，来合法地行使自己的权利。（见附录 A《知识产权转让和利益分享协议》范本）

## 许可协议的关键要素

许可协议的每一个因素都至关重要，每一项条款都有其特定用途，当然这也取决于人们看问题视角的不同。有的人对特许权适用费率比较专注，有的人则更注重保密性条款。某位律师可能关注如何界定某些条款，而另一位可能更关心司法管辖权、审判地以及如果违约可能带来的损害。因此，我认为最好的办法就是自己评估双方都同意的每一项条款，如果出现分歧，那么这些条款就该起作用了。

例如，当处理与专利相关的许可协议时，管辖权是选择在州法院还是在联邦法院更为合适，这个问题有时候会很复杂。协议的签署方是否就管辖权达成一致并无关紧要。根据联邦巡回法院，即使争议的双方都没有提出管辖权的问题，法院也可以提出来。❶ 吉姆·阿诺德案（Jim Arnold）是一件十分有趣的案例，它包含许多不同的协议诸如雇用协议和分配协议等，历史错综复杂。❷ 这个案例最初是在得克萨斯州州法院，但后来被调转，理由是此案全部或部分地处在美国专利法的管辖范围之内。❸

联邦巡回法院多次重申他们长期以来一直持有的立场，有关专利有效期和专利侵权性的问题由联邦法院来处理，而有关谁拥有专利权以及拥有的条件条款之类的问题，一般情况下州法院拥有唯一决定权。❹ 经过对该案的特殊情况进行评估之后，联邦巡回法院认为管辖权应在州法院而非联邦法院。❺ 因此，尽管联邦巡回法院为此案已经投入了诸多审判资源，当事双方也花费了大量时间和金钱，联邦巡回法院最终还是撤销了判决，把案件退回联邦地区法院进行重审，并提示要把此案退回到州法院。❻

尽管此类案例并不多见，但它却集中体现了在许可协议的草拟和协商阶段的判决在多年以后可能仍有影响。无论是属州管辖还是联邦管辖，当事双方在签署协议时可能都不会对管辖权特别在意。毕竟，其他许多方面诸如许可费用等会给他们带来更为直接的影响。但是就像吉姆·阿诺德案那样，可能存在一个直到多年以后才被法庭提及的问题，这必将对双方的时间和资源造成重大影响。这种问题本应在在移交至联邦巡回法院时就得以解决。我们从中获得的教训就是，对每一项条款都应进行仔细的评估，以避免像吉姆·阿诺德案那样对资源的浪费。

---

❶ Jim Arnold Corp. v. Hydrotech Systems Inc. , 109 F. 3d 1567, 1569（Fed. Cir. 1997）.

❷ Id.

❸ Id. at 1570 – 1571.

❹ Id. at 1572.

❺ Id. at 1572.

❻ Id. at 1579.

## 专利许可过程中频繁出现的挑战和障碍

在专利许可过程中面对的一个共同挑战便是对细节的注意程度。有多少次协议双方都是在仓促之中促成交易的。在协商过程中讨论那些在他们看来无关紧要的条款常常使他们变得愈发烦躁。许多当事方，尤其是那些从没有经历过诉讼的，到后来常常有一种强迫着自己去信任另一方的感觉，日后他们对某些细节也有了些许担心。遗憾的是，很多客户并不明白，现在在他们看来一些显而易见的问题在三年之后并不一定会被法院理解或考虑。处理这种情形的最佳方式便是保持耐心，在出现问题时耐心地向客户解释，这就意味着要向客户解释如果最终走向诉讼将会发生什么。

实际上，如果确实出现分歧，你应该一直把诉讼放在脑海里——通知条款是如何规定的？审判地在哪？适用于哪些法律？在诉讼之前你是否要遵守某些仲裁条款？这些条款规定可以使律师精确地知悉所适用的法律，同时也要求双方在正式付诸法律之前相互处理解决一些问题。

## 结　　论

法律总是在不停地演变、进化，而技术亦以一种不可预知的方式处于经久不息的变化之中。这就要求律师要勤勉致用，勤于研究，及时跟进一些法律判决。它还要求律师在草拟许可协议时要意识到一些未预见的事情极有可能发生的情况。要想达到这些目标，向前推进的最好方式便是用好你的时间，并关注细节。

持续法律教育（CLE）项目是在法律方面紧跟时代的一个绝好方式。另外，一些团体诸如许可执行高管协会（Licensing Executives Society）会向其会员提供资源，这可能也能提供一些帮助。尽管现在也有很多网络资源，但在任何的参考和引用之前我建议还是要核实一下其准确性。

# 要　点

> 要对进行许可转让的技术以及客户开发该技术的历史过程有所理解。对在搜索特定技术专利过程中出现的任何问题，以及和所有权有关的问题都要进行积极探索，因为任何以后的分歧都有可能导致诉讼。

> 理解客户的总体商务目标以及客户关切的任何具体问题。要注意客户可能不会重视公布语言、准据法的选择、审判地的选择以及其他一些标准合同条款。

> 如果以后出现分歧或诉讼，则应建议仔细查看以后可能会出现问题的地方，以维护客户的权益。还要对这些可能暴露的问题进行讨论、交流。

> 应使客户时刻保持知情权。律师要对共享的元数据小心谨慎对待，其可能会泄露律师根据自己的想法或客户的意见而进行的修改变更。

> 律师就客户的商业运营询问一些问题，并着眼于以后的诉讼——尤其是有关电子取证以及一些社会媒介议题，这都无可非议。要使客户理解其必须遵守许可协议下的责任和义务。

## 作者简介

埃里克·亚当斯（Eric M. Adams），迈哈非韦伯律师事务所（MehaffyWeber PC）股东。从休斯顿浸会大学（Houston Baptist University）获得学士学位，从南得克萨斯法学院（South Texas College of Law）获取法学博士学位。2001 年从法学院毕业后加入迈哈非韦伯律师事务所。在得克萨斯州和路易斯安那州拥有律师执业资格，同时还是美国专利商标局的注册律师。亚当斯先生接手过的案例涵盖多个行业领域，包括石油天然气、化学、制造业和软件等。其业务主要集中于知识产权和商务事宜，包括授权许可在内。其还具有在州和联邦巡回法院的审判经验以及上诉辩护经验。

# 通过谈判达成具有协同效应的知识产权许可协议

罗威尔·克雷格

（欧伯、卡勒、格兰姆斯及斯莱福律师事务所，合伙人）

- ➤ 许可策略的最新动态
- ➤ 改善知识产权许可过程
- ➤ 结论
- ➤ 要点
- ➤ 作者简介

## 许可策略的最新动态

当经济蒸蒸日上、一片繁荣时，有关许可动态的发展变化也会异常迅速。然而，近年来停滞不前的经济已经抑制了知识产权许可的发展，过去几年中此领域并没有出现一些显著的动态趋势。但是，知识产权许可的前景从来就不是平淡无味的，一些细微的变化总是会存在的。例如，《美国专利改革法案》（*Leahy – Smith America Invents Act*，AIA）的正式实施生效，正在对许可产生影响。另外，最近的判例法已经使"被许可方禁止反悔"（licensee estoppel）原则❶发生变化，其对专利有效性的影响正面临更多的挑战。再者，专利集中策略和防御性许可业务蓬勃发展，尤其是在苹果 v. 三星诉讼案例之后。❷ 知识产权诉讼不断上涨的成本已经走进了公众视野，并促使大家回到谈判桌上。

停滞不前的经济使得以上所有变化都黯然失色。糟糕的经济状况对许可也有循环效应，公共或私人基金因此减少了对某些公司、行业或组织的资金投入，创新也变得更为困难。经济动态可谓是所有动态趋势中最为引人关注的。

## 授权许可中的经济动态

我的从业生涯要早于硅谷互联网辉煌时期，也就在那个辉煌时期大的计算机或互联网交易相继达成。彼时生物科技几乎还不存在。然而，突然间整个计算机行业好像变成了洪水猛兽，陷入困境而苦苦挣

---

❶　通常所称的禁止反悔原则，是指专利法上的审批过程禁反言（prosecution history estoppel）。这是专利侵权诉讼中的一种法律规则，其含义是，专利权人如果在专利审批（包括专利申请的审查过程或者专利授权后的无效、异议、再审程序）过程中，为了满足法定授权要求而对权利要求的范围进行了限缩（如限制性的修改或解释），则在主张专利权时，不得将通过该限缩而放弃的内容纳入专利权的保护范围。在美国，禁止反悔原则的适用要求专利权人对权利要求的限缩必须是以书面方式进行的，并记录在官方的专利审查档案中。因此禁止反悔原则在美国又称"审查档案禁反言"（file wrapper estoppel）。此外，源于美国联邦最高法院对禁止反悔原则作出解释的著名判例 Festo Corporation v Shoketsu Kinzoku Kogyo Kabushiki，该原则又被称为 Festo estoppel。——译者注

❷　Apple Inc. v Samsung Elecs Co. , 678 F. 3d 1314（Fed. Cir. 2012）.

扎，交易量也急速萎缩。投资者把生物科技作为下一个投资机会，在该领域大量的许可交易也蜂拥而至。如今，历史再一次卷土重来。实际上所有技术领域都会经历繁荣期和萧条期，因为地方政府总是投资于不同的技术领域，例如，加利福尼亚州注重投资于软件和电子领域，这种景气循环效应也随地区被不停地扩大。这种繁荣与萧条就像大洋中的巨浪从一个领域席卷到另一个领域，而区域间的许可活动也紧随着这些大潮起起伏伏。

如果行业间的许可注定是起伏波动的，那么现在这股大潮正在退去。经济增长在 2009 年已经放缓，而许可费用也面临着同样的境况。美国大学科技经理人协会（Association of University and Technology Managers，AUTM）每年都要对大学的许可费用进行统计调查。数据显示从 2009 年以来许可费用几乎是一条平缓的直线。某些行业的许可显然已经降至穷途末路，尤其是药物和生物科技专利，这两个领域已几乎没有风投资金。低迷的经济对许可产生一种循环效应，它减少了对创业公司以及大学的现金投资和投入，开展创新活动变得尤为困难。

无独有偶，公共基金对艺术的投入也严重缺乏，这同样压制了艺术和娱乐许可的发展。而软件业却一片繁荣，尤其是云计算和智能手机应用程序，在这些领域新的簇群（new complexities）正不断涌现。这种在国际许可领域蒸蒸日上的发展势头也为律师提供了了解新的簇群的机会，他们必须经常组建外国律师团队，来审核在其他法律制度下的许可协议。

面对一蹶不振的经济背景，对专利许可法律顾问来说，需了解现阶段其所面对的最紧迫的法律法规事件，如下是事件概览：

## 《美国专利改革法案》❶ 的实施

2011 年 9 月 12 日，《美国专利改革法案》正式付诸实施，这成为最近五十年来美国专利系统变化最为彻底的一次变革。❷ 这项法律分阶

---

❶ Leahy – Smith America Invents Act, Pub. L. No. 112 – 129, 115 Stat. 284 – 341（2011）（codified as amended in scattered parts of 35 U. S. C.）.

❷ Id.

段实施，最后一个阶段是 2013 年 3 月 18 日，这也是变化最大的部分。届时，我们国家目前实行的专利制度将由"先发明制"变为和其他大部分国家一样的"先申请制"。在发明的竞赛中，无论谁先发明，首先提交专利申请的将获得专利权。这样专利申请的提交便增加了几分紧迫性。将会有更多的临时专利申请，关于许可的商谈也会在专利得到准许之前的更早的阶段进行。同时，还需要更高水平的许可尽职调查，对于有效性及专利可执行性（freedom－to－practice）的意见将更多地依赖于专利律师。

从 2012 年 9 月 16 日起，《美国专利改革法案》使人们可更加容易地对专利和申请提出异议，该法案允许授予前提交（preissuance submission）（针对申请中专利第三方可提出在先技术）、专利授予后复审（post－grant review）（在准予专利的 9 个月内任何第三方可给予任何无效性理由提出异议）和双方复审（inter partes review）（第三方基于在先技术提出异议）。《美国专利改革法案》这些新的条款为那些相信某专利是无效的潜在被许可方提供了更加低廉的成本和机会，来对专利的有效性进行质疑。

提出异议的有关行政管理规定在许可谈判中一直被用作一个杠杆手段，而新的条款将会增强这种杠杆作用。因此，《美国专利改革法案》将对专利许可策略产生一定影响。

## 专利聚集和防御性许可

专利整合公司在专利许可领域进一步巩固了其地位，而防御型专利许可（Defensive Patent License，DPL）亦初露锋芒。专利整合公司积累了专利组合，并为其会员提供所有专利组合内所含专利的许可以及有限的权利，用以在反诉中实施专利权，应对非会员发起的诉讼。因此，成为会员能够防御性地使用这些专利。

当今，著名的防御性专利整合公司有两种：RPX（营利性的）和AST（非营利性的）。一些大公司都是他们的会员，例如 IBM、英特尔、微软和索尼。会员费从 6.5 万美元至 690 万美元不等，这取决于会员的营业收入。如果上述专利整合公司的会费对你来说有些昂贵，或许

DPL 是一个值得考虑的选择。基于和开源软件联盟同样的理念，DPL 可给予会员免费专利许可权，目的在于降低诉讼所带来的威胁。任何和 DPL 签约的公司不得使用专利权来对抗 DPL 其他会员。

专利整合公司和防御性许可将会持续增长，而许可相关业务也将发生变化，其业务范围将包含与其他公司集中资源用以应对专利侵权指控攻击。

## 被许可方禁止反悔原则及其对质疑专利有效性的影响

1969 年，美国联邦最高法院推翻了被许可方禁止反悔的习惯法条文，为被许可方对知识产权有效性提出异议扫清了障碍。❶

2007 年，在医学免疫公司诉基因泰克公司（Medlmmune v. Genentech）一案中，美国联邦最高法院又完善了这种思维，允许被许可人按照协议不得不支付使用费的情况下，可对许可专利的有效性提出异议。❷ 2012 年 7 月 10 日，第二巡回法院就 Rates Technology v. Speakeasy 一案公布了法律判决，认为根据 Lear 案判决产生的❸的公共政策原因，专利许可协议中不质疑条款❹是无效的❺。该判决只限于诉讼前和解协议，但它也标志着将来任何阻止提出异议的许可条款极有可能被判决不具执行效力。❻ 许可协议的起草者们大可以一展身手。然而，假如包含不质疑条款的完全转让最终出现时，要留意那些富有创意的替代选项，例如不提异议的奖励措施、惩罚措施等。

## 苹果、三星诉讼案的影响❼

知识产权尤其是专利，就像一个来回摆动的钟摆，游离于公众的

---

❶ Lear Inc. v. Adkins, 395 U. S. 653（1969）.（声明说如果被许可方"被禁言，公众只能持续地、毫无理由地被要求为垄断者大唱赞歌。)

❷ Medlmmune Inc. v. Genentech Inc. 549 U. S. 118（2007）.

❸ 即 Lear v. Adkins 案。

❹ Id.

❺ 不质疑条款 no – challenge clause，或不争执条款 no contest clauses 是指知识产权许可协议中规定的，使用知识产权的被许可人不得对该知识产权的有效性提出质疑的条款。——译者注

❻ Rates Tech. Inc. v. Speakeasy Inc，685 F. 3d 163（2d Cir. 2012）.

❼ Apple Inc v. Samsung Elecs，Co.，678 F. 3d 1314（Fed. Cir. 2012）.

喜好和厌恶之间。无论是鄙弃还是赞同，公众发出了声音，专利系统便会有所反应。当地方法院和上诉法院的法官们、专利审查员以及所有的决策者们听到公众的声音，会作出对专利持有人有利或不利判决。在这点上，公众对于庞大的专利纠纷是心存失望的。人们担心，诸如"旋扭缩放"❶之类的专利只会阻止创新。

　　从美国专利商标局方面来看，一件专利的授权正变得越来越困难，成本也更为昂贵，即使专利最后获得授权，由于《美国专利改革法案》带来的变化，该专利也并非牢不可破。获得一件美国专利，至少需要1万美元到1.5万美元，花费至少2~4年的时间。投入的成本和时间会随着技术的复杂程度而递增。考虑到大部分的软件销售周期也就几年时间，一些公司正在重新考虑专利是否是保护他们知识产权的最佳工具，同时他们也更加注重商业秘密和版权。其他的一些动态则反映出不同的一面，例如，投资者通常还是希望看到专利。在接下来的几年里，这将是公司需要持续应对的一个商业问题。

　　从法院的角度来看，一件专利若想通过诉讼，也面临着愈来愈高的成本，难度也越来越大。一件专利案例平均要花费100万美元到1000万美元，需要2~3年的时间来对簿公堂。诉讼律师一般都会预先警告客户，最好不要诉讼，除非能够坚持到底。

　　损害赔偿金相比之前相对减少，而禁止他人使用的权利也不再意味着是绝对禁令。整体而言公众对专利关注度的转移使其在许可交易和交叉许可协议中成为一个更为昂贵、风险度更高的命题。在尽职调查期间或者在起草协议时，从事许可的专业人士将要承当一定的风险和开支。

## 改善知识产权许可过程

　　一个人或公司拥有知识产权而另一方想要获得许可，我与客户的首次会面通常是在这种条件下进行的。相反，如果客户对其他人的技

---

　　❶ pinch to zoom，源自苹果拥有的展开手指放大屏幕显示内容的专利，苹果公司曾控告三星公司侵犯该项专利。——译者注

术感兴趣、意欲获得许可时，我们一般会收到一份许可方的条款清单（term sheet）或一份完整协议。无论是哪种方式，我们一般都不会直接进入具体细节，而是花费一些时间使客户明白他们将要面对的风险和复杂程度，这种做法还是大有裨益的。在一些错误的期望值得到解决之后，过程则会变得顺利很多。

大多数客户都存在一种误解，认为许可是一个快速、简单的过程。有些性急之人有可能在没有获得适当的法律建议的情况下就贸然行事。实际上，许可协议是非常复杂的，该协议的构建范围可以从"几乎拥有全部所有权"至"几乎没有所有权"。例如，一位车库发明人非常幸运地有了一位感兴趣的潜在被许可方，而发明人极有可能不会重视侵权赔偿条款可能产生的后果。冲动会导致灾难性后果，客户对此必须保持敏感心态，尽早并经常和其律师保持联系。

随后我们会谈论细节。当客户是潜在的许可方时，我们需要一切从头做起。第一步就是核实可能的许可架构，诸如许可是排他性还是非排他性，以及是否有区域限制等。

接着我们要进行必要的尽职调查，检查专利状态、所有权链，确定如何为专利增加价值。正式的价值评估比较困难，花费也较高，因为必要的情况下需雇用一位会计，一般这也是在比较大的交易中的做法。然而即便是很小的交易也需要进行知识产权评估，以确定公平合理的专利使用费。

确定了协议的关键条款，当事方便开始进行协商讨论。使用下文提及的条款清单，这个过程则会进行得更为容易。附录 B 为一份条款清单样本。当事方通常会签署一份反映这些关键条款的合作意向书。

当双方对关键条款以及条款清单达成一致时，我们将推进至正式完整的许可协议并对其进行协商。同时，双方都进行一次彻底完整的尽职调查。下面所列的起草和协商策略可以帮忙改进此过程。

## 许可协议的起草策略

无论你是代表许可方，还是被许可方，下面几个要素需要仔细考虑：

1. 被许可事物是什么：专利、商标、版权，还是商业秘密等？

2. 被许可权利：制造权、使用权、销售权、展示权、分配权还是以上所有？

3. 许可是排他性、非排他性，还是两者都有？

4. 有何限制：区域限制、领域限制等？

5. 财务因素有哪些：前期付款、预付款、专利使用费、最低保证费用等？

6. 期限。

7. 声明及保证条款。

8. 赔偿条款。

9. 质量控制。

10. 转授使用许可。

11. 终止/违约流程。

以上所述事项为关键条款，最终会成为条款清单（附录 B）。在许可协议之前针对条款清单展开协商，能够使整个流程进展的比较容易，并避免走回头路。

## 许可协议的协商策略

知识产权拥有者（尤其是发明者）通常会高估他们的知识产权，而潜在的被许可方则更注重规避风险。这样就会产生可以感知到的"价值空档"，而这种价值间隙从一开始就必须要消除。为完成交易，双方必须找到一个折中妥协的方式。我的工作便是促成磋商谈判，为了使双赢的合作成为可能，逐渐地引导他们朝着有利于客户的方向发展。这就意味着要扫清谈判中的障碍，而不是制造障碍。根据我的经验，现在有许多由律师造成的障碍，如记忆缺失、缺乏持续性、对标的物毫无经验等，这需要引起注意。如下是我的一些经验法则：

> **避免引起注意**。许可是一份幕后工作，虽然表面上是客户之间在进行直接谈判，但如果你做得正确，能有效促进这个进程。一些律师常常把一些小的议题弄成大问题，即使他们的工作是把问题控制在小的状态。

➤ **避免生涩复杂。**如果情况允许，许可协议应该尽可能地简短。应该用平实的英语书写，不要法律术语，语言应该紧凑简练。协议中的个别条款必须清楚、明晰，避免冗余信息。

➤ **不要省去会计核算环节。**获得预估销售额和成本数据，以决定边际利润。许可协议应该是双赢互利，所以所得的边际利润应该与各方承担的风险以及付出成比例。

➤ **不要疏忽健忘。**当双方就一些问题达成一致，而律师却忘记归入到协议之中，这不可能产生什么好的后果。一定要牢记关键条款，在就完整协议进行磋商之前，先就条款清单进行协商会很有帮助。另外，在谈判过程中要一丝不苟地记录笔记。

➤ **做事不要超过一定的"度"，律师也应建议客户不要这样。**如果投机取巧，往往会弄巧成拙，协商可能立刻演变为分歧争论。我曾经见过一些新颖的富有创意的条款，但却产生了事与愿违的效果。比如协议中包含严重的赔偿条款，即使被许可人有轻微的侵权也要付出昂贵的代价。

➤ **保持快节奏。**许可协商就如双方对话，如果律师花费数周时间去检查、修正协议，并不会产生良好效果，协商也会丧失持续性，乃至兴趣，最后陷入停滞。律师必须投入全部的精力，快速推进，以避免此类现象。

➤ **知道使用"神奇字眼"。**无论是专利、商标、版权，还是商业秘密，知识产权法律的每一个领域都有一两项外领域的、能对许可产生直接影响的规则，这通常需要在许可协议中使用特定的语言或"神奇字眼"。比如，商标许可协议中要使用一些有关质量控制的语言，来避免只使用干巴巴的许可教条，并且还要有能给商誉带来哪些益处的表达。对专利（可能对所有知识产权）许可来说，随着时间推移，不质疑条款的有效性极有可能会变为无效。

➤ **保持好的记录习惯，并且建议你的客户也这么做。**由于《美国专利改革法案》的实施，我们正处于由先发明制到先申请制的转变时期，作好记录变得尤为重要。《美国专利改革法案》扩大了先使用者权利，但我们的客户如果想充分利用好这一点还需要适当的文件证明。当前我们会建议客户要保持证据，并记下发明记录，其会包含涉及技术的文件，这就为技术的开发按时间的先后顺序提供了佐证。

## 知识产权协议的执行策略

许可方经常缺乏必要的程序来监控许可费用报告，或者完全忽视这一点。通常他们并未注意收入是否如实陈述，从而有可能造成收益损失。任何许可方都应有适合的合规方案。一个好的合规方案应包含阶段性（例如按年度）检查。每次检查都是一次取证，通常以独立调查开始，包括对过去特许权使用费趋势进行分析，与公布的财务报告进行比较，以及其他一些网络信息研究。随后根据许可协议中的审计条款完成现场审计。然后对所得的两组数据进行分析，得出最终结论。

当上述合规方案得以正确、一致地执行完毕，通常会实现许可费用的增加，许可关系也会得到改善。

## 结　　论

作为受过教育和培训的专业人士，律师需要从法律的视角处理许可协议，确保协议的有效性和约束力，并确保其不包含无效或不合法条款。然而，最终客户还是想知道协议将会给他们的业务带来怎样的影响，因此从事知识产权许可业务的律师也要培养自己的商业视野，以便识别潜在陷阱，判定协议带来的潜在成本和收益。

另外，紧跟法律的发展步伐也至关重要。影响专利、商标和版权的法律是法定规则，而立法则是人为的，有时会有快速、大幅度的变更，《美国专利改革法案》便是一个证明。从这点来说，《万律知识产权杂志》是不错的选择，如果再加上《ASPEN许可杂志》，将会确保你掌握最新动态。

一部分的商业头脑，一部分的法律敏锐度，再加上一部分创造性，你便拥有了一份构建收益颇丰、坚若磐石的许可协议的配方。

# 要　点

➤　对你的客户来说，在目前严格的保存记录并不是一个优先策略，《美国专利改革法案》正把美国的先发明制转变为先申请制，这种策略也应作出调整。客户若想充分行使某些使用者权利，合适的内部文件将会变得十分必要。随着《美国专利改革法案》的生效，需要调整让客户保存记录的策略。

➤　与客户的首次会议，要问一些能确定许可结构的问题，包括是排他性许可还是非排他性许可，以及是否会有区域限制。接着，要对知识产权进行评估，评估计算要基于许可可能带来的贡献或者实际业绩，如有必要，可获取会计的辅助。

➤　要使你的客户避免在没有你的建议的情况下贸然行事的错误做法，提醒他们将来许可协议可能会产生昂贵的代价和不利后果，因为有的公司可以加入诸如赔偿条款等危害性规定，导致最后产生一份缺乏协同效应、对双方都无益处的许可协议。一个业余从业者如果冲动地处理许可过程，造成的后果则是他有可能要花费数百万美元来赔偿给某位大客户带来的损失。客户通常不会了解如何识别潜在的危险或并不认为这有必要，他们经常会忽视一份真实的许可协议可能会造成的严重后果。

➤　代表你的客户进行协商，尽可能达成最为公平的许可协议。任何一方超越自己的界限企图获取其并没有投入资源的那部分收益将不会获得回报，这也不足为怪。对许可协议进行仔细审查，过滤掉任何圈套或陷阱内容，但也要有与另一方进行协商、达成和解的意愿。为了准备协商，可以为你的客户提供一份问题清单，促使他们提前考虑在协议中他们要努力争取或避免的议题或条款。

> ➤ 除了法律视角，还要用商务视角来浏览知识产权许可
协议。假若律师单纯从法律的视角来处理许可协议，确保协
议的有效性和约束力以及确保协议不包括实际上否定协议或
使协议无效的条款，这其实是对客户一种极大的伤害，因为
客户最为关心的是协议将会给他们的业务带来怎样的影响。
协议至少要阅读两遍——一遍是以法律、技术的视角，另一
遍则纯粹从商业的角度来看，识别出潜在的陷阱，并确定协
议的潜在成本和收益。

## 作者简介

罗威尔·克雷格（Royal W. Craig），欧伯、卡勒、格兰姆斯及斯莱
福律师事务所（Ober Kaler Grimes & Shriver）合伙人。该事务所位于马
里兰州巴尔的摩，主要代理科学家、工程师以及技术导向型公司的一
些案例。作为该事务所知识产权与商务组的成员，克雷格先生帮助客
户保护他们的知识产权，并为他们的知识产权提供辩护、商业化等
服务。

克雷格先生曾是一位电子设计和软件工程师，而今他已在专利收
购、许可、交易领域有超过 25 年的从业经验，其业务范围还包括商
标、版权、商业包装、商业秘密等。其还给客户代理过各个阶段的专
利诉讼案件，包括区域法院诉讼、联邦巡回法院上诉，并为若干专利
诉讼案件出具专家意见作为证据。

克雷格先生活跃于民间及专业组织，他是巴尔的摩大学的技术商业
化中心助理教授，2011～2013 年当选为全美诉讼－知识产权法、诉讼－
专利法、专利法及技术法最佳律师❶（Woodward/White Inc.），2013 年被
提名为《最佳律师》2013 "巴尔的摩诉讼－专利法年度律师"。

---

❶ Woodward/White 公司出版，如今已出版第 9 版，被公认为是收录业内顶尖律师的指
南。——译者注

# 在知识产权许可磋商中代表许可方和被许可方：寻找共同点

玛莎·莱斯曼·卡兹
（戈登费恩布莱特律师事务所，合伙人）

# 导　言

有些企业创造知识产权，诸如专业软件，是为了授权许可给他人使用，并以此作为自身的核心业务；有些企业创造知识产权，诸如客户数据或者高度机密的结构式或者业务流程，纯粹是为了内部需要。所有企业都需要使用第三方的知识产权以保持他们的业务有效运行及管理。结果，有些企业是许可方，而所有企业都需要授权使用第三方的知识产权。

本文将检验各种形式的知识产权，并从许可方和被许可方两个视角来讨论双方交易过程中主要的许可风险以及关键条款。另外，本文还尝试预测可能存在的分歧之处，并提供谈判过程中避免出现争议的策略以及清晰的合同条款。

无论许可方还是被许可方，双方的实质性议题通常相似。不管是属于哪个领域，不论是制造企业还是服务提供商，双方协商的起点就如处在阴阳两极两个节点，正好相反。无论是代表许可方还是被许可方，律师的挑战就在于要理解双方的需求、关切以及存在的风险。倘若做不到这一点，尤其是双方在议价方面存在巨大分歧时，找到共同点是非常困难的。

## 影响知识产权所有权的关键问题

## 所　有　权

知识产权包括专利、判例法（Common Law）和成文法（Statutory Law）中的商标、受版权保护的材料以及商业秘密。确保对知识产权各个方面的持续所有权一直是并极有可能持续是 IP 所有者所面临的最重要的问题。❶

---

❶　英美法系与大陆法系的主要区别之一。但在英美法系中，一个国家之中，例如英国，也同时存在 Common Law & Statutory Law 两种制度：Common Law：简单而言，就是"判例法"的意思；就是说，法院在进行诉讼审判时，寻求过去的司法判例当作审判依据，根据的是"平等原则"（或者说"正义原则"），亦即"相同的诉讼，有相同的审判结果"，因此对当事人有了公平与正义的保障。Statutory Law：指的是"成文法"，是指经立法机关制定通过的法律条文。法院诉讼审判依据，即是这个既存的法律条文，而非过去的判例。在判例法和成文法同时并行的国家中，当事人就有两种选择。基于自利法则，通常当事人会选择对其利益扩大化的途径。——译者注

无论是软件、商标、网站或者是有专利权的发明，在知识产权开发和定制的过程中，都不可避免地会出现所有权的问题。例如，一家贸易商雇用某家机构来创造一个新的品牌、形象标识以及网站，以适应这家企业的全新形象。这家机构提供了一份书面协议，里面包括基本的技术说明、完成日期和付款条件，商家签署了该协议。后来，这家贸易商注意到一家竞争者的网站和标志和它的出奇的相似，令人颇感不安。虽然商家向该机构提出抱怨但结果仍不尽如人意，因为该机构知道其自身的权利。在实际上为此买单的一方看来，这似乎有些违背常理，但美国版权法规定作品的创造者即为拥有者，除非当事方在一份书面协议中另有规定。因此，该机构对其为该商家创作的一切拥有所有权。尽管不是最佳方案，但如果协议中有些许文字说明所有权归属于该商家，这可能就满足了某些法定要求。一份解决了所有权以及本章讨论过的一些其他议题的服务协议，包括那些"受雇而完成的工作"的所有权，将会在所有权及其他若干方面为商家提供更好的保护。

还有一种更糟的情况，那就是该机构以自己而不是以商家的名义注册了域名或网址。一些正当公司会很乐意地把域名和可交付成果转让给客户，而有些则要求支付更多的费用。

使用免费的、根据标准公共许可协议进行授权的开放源代码也有可能对所有权带来重大影响。企业必须仔细考量是否以及如何把开源代码融入到自己专属的知识产权中。如未能做到这点，将有使自己的专属知识产权受制于公共许可的风险，造成把有价值的知识产权置于公共域内，从而丧失版权的后果。类似地，那些雇用第三方进行开发服务的企业在服务协议中必须加上对自己充分保护的条款，保持自己的所有权。这在本章中会有进一步阐述。

美国专利法对发明权和所有权两个概念是区别对待的，因此准确地界定专利的所有权可能会比较困难、复杂。一般来讲，构思、创造了该发明的人对该专利拥有所有权，除非有协议另有说明或发明者有转让该发明的义务。尽管在某种状况下雇员/发明人有义务把专利转让（或许可）给雇主，但这种义务并非是绝对的。因此，关于专利所有权的问题最好可以通过签订契约的方式加以避免。通过契约形式，对在雇用期间内进行的所有发明，雇员都有把全部所有权转让给雇主的义务。尽管雇员仍是发明者，但雇主拥有该专利的所有权。

对可获得专利权的知识产权，确保所有权也就意味着在提交申请、获取专利保护之前不要公开发明。一旦获得专利授权，知识产权所有者必须在即将实施或使用该专利技术的所有国家及时地提交专利申请、进行专利维护、更新专利申请，以维持他们的权利。使用多种策略使专利技术的商业生命周期最大化也至关重要。专利许可期限可能不会超过专利的生命周期，但是如果有机密的专有技术或商业秘密包含在内，则知识产权的许可期限就没有限制。另外，为知识产权的不同方面进行增补专利申请，可能会延长其市场独占权；为含有即将过期专利的现有药物的新配方提交专利保护，也可能会继续保持该药物的市场份额。

不同的司法管辖区对商业秘密的定义也各有差异，但最常见的因素有：

> 　　不为公众所知悉、不被他人轻易确定的、能带来实际或潜在的独立经济利益的信息（可能包含配方、模式、编译、程序、装置、方法、技术或过程），若公开或被他人使用会给他人带来经济价值；

> 　　某种情况下具有合理理由努力使之保持为秘密的信息。❶

企业主经常错误地想当然地认为其员工知道哪些是机密信息，哪些不是。但是，除非员工接受过培训或材料上带有明显的机密标识，员工一般不能理解某些材料对于公司的重要性。一般而言，企业不能做到向其员工清楚地标识出哪些是机密信息，尤其是商业秘密，并不

---

❶　统一商业秘密法 1985 修正案（Uniform Trade Secrets Act with 1985 Amendments）National Conference of Commn'rs on Uniform State Laws（1986）available at http：//www. uniformlaws. org/shared/docs/trade%20 secrets/utsa final 85. pdf.

能就什么是正确的商业流程为员工提供培训，未能以通过诸如签署竞业禁止协议或保密协议、确保关键配方安全、只允许少量值得信任的关键员工接触等手段来保护自己的商业秘密。此类企业最终可能会发现他们的机密信息已被公开，其对商业秘密的专有权因此也会遭受负面影响。

在美国专利商标局完成注册的商标的所有者必须精确地按照商标注册申请表上列明的和与之相关的产品或服务来使用该商标。如果不严格按照注册表上的内容或以一种不一致的方式来使用注册商标，受保护的只是注册的那一部分，而不是根据其实际使用情况。另外，如果公司的业务有变更，其商标可能会被使用在没有在商标注册申请表中描述的产品或服务上。结果，商标拥有人的受保护范围也只限于注册表中实际描述的产品和服务，而不是市场上贴有该商标标识的实际上的产品和服务。

## 质　　量

商标所有人如果将商标权授权给第三方用在他们的产品和服务上，其应对商标的信誉和完整性进行严密监控，尤其是在将商标授权给被许可方独家使用的情况下更应如此。要做到这一点，商标许可协议必须强迫被许可方保证使用该商标的产品和服务的质量。如果被许可方未能达到质量标准要求，而商标许可方又没有终止许可协议的权利，该商标的市场价值便会遭到严重玷污而大打折扣。

### 排他性 vs. 非排他性

很明显，对被许可方来说排他性许可能创造更多的价值，因此也需要支付更高的许可费和特许权使用费，尤其是对那些地位业已巩固的品牌以及拥有广泛权利要求和大量有效期限的专利来说，更应该如此。一般来讲，排他性许可需要支付一笔价值不菲的预付许可费或者许可转授费，以及不受销售额影响的每年最低许可使用费。

许可方可以通过把排他性（或一般性许可）限制在某一特定地理区域、特定行业、特定销售渠道、特定产品、特定市场或特定时间期限的方式来最大化地发掘其拥有的知识产权的价值。通过对许可范围的限制，许可方可以把同一件知识产权许可授权给他人，以此来享有更多的许可费用，扩大品牌基础，而不是把所有宝都压在某一家被许可方身上。通过限制排他性的时间期限、要求最低年销售额，包括假如销售未能达到预期，许可方有终止的权利，这些措施能使许可方处在一个更为有利的位置，对特许权使用费以及知识产权的价值都有一个更好的把控。

## 执　　行

许可方还可以通过签署一份强有力的许可协议允许他们对被许可方的知识产权的使用情况进行审计，为其拥有的知识产权提供最好的保护。从软件方面来说，这就意味着对被许可方的使用情况进行审核，检查其是否与许可协议的各个方面相符，包括复制数量、用户数量、被许可方的雇用工位数以及软件的使用地点等。从商标及专利许可的角度来说，意味着要对被许可方（或他们的承包方）的合规性以及质量保证进行检查。许可协议条款——以一个潜在审判的角度来看——在必要情况下能允许许可方寻求禁令救济❶限制被许可方的持续侵权以及允许许可方终止许可协议，此类清晰的许可条款是许可方确保一切遵照许可协议的最好的工具。

## 聚焦软件授权许可

在许可过程进行之前，从事许可业务的律师们有无数问题必须要确定答案。被许可方是在自己拥有的内部网络安装软件，还是依赖第

---

❶ Injunctive Relief：一种衡平法上救济形式。由于普通法上的金钱赔偿通常只能弥补原告过去受到的损失，对于将来可能继续或发生的损害基本无能为力，而"衡平法不能容忍对侵害权利的行为没有救济"，对于商标侵权，禁令救济作为防止未来损失继续和扩大的有效手段，往往是最主要最常见的救济形式。禁令救济起源于近代商业秘密法诞生之初，其理论与实践都已趋于成熟。由于商业秘密"一旦丧失就永远丧失"，禁令是商业秘密侵权案中最重要的救济措施。签发禁令牵涉到各种相互冲突的利益，法院应在权衡原告、被告利益和社会公共利益的基础上审慎作出决定。——译者注

三方的服务提供商提供软件的安装主机？被许可方是否需要为多样化的用途（包括测试、容灾备份、存档、演示或培训等，而不包括"生产制造"）制造一些软件的复制件？软件是否是商业上的成品软件（Commercial Off – the – shelf Software，COTS）：是其能以最小的集成量安装在被许可方运行环境中，还是它的安装与配置都比较复杂？被许可方的用户是否经常出差或者他们本身就是基于全球，有必要进行远程访问？

另外，律师还需确定被许可方的维护和技术支持需求，以及他们如何与许可方的支持承诺关联起来。对一个基于全球的用户来说，尤其是不论处于哪个时区都需要 24 小时支持的用户来说，标准的美国办公时间可能不会满足需求。律师还应进一步询问，许可方将为过去的多少个版本提供支持？如果被许可方没有按时安装更新，结果会怎么样？而且，如果对被许可方来说，软件承担着至关重要的任务，或许应该考虑一下第三方托管源始码，以避免许可方不能提供支持或其破产停业的情况。

显而易见，在就软件许可进行谈判之前，企业必须仔细考虑自己的需求，因为商业需求影响并驱动着法律条款，而不是相反而行，本末倒置。只有在法律顾问对商业需求有了一个清晰的认识之后，他才能在合适的陈述、担保、赔偿等方面给被许可方以合理建议。另外，只有对商业需求有一个清晰的认识，法律顾问才能对被许可方提供帮助，以决定在分歧产生之时终止许可合约是否是一个可行的补救措施，以及赔偿范围、责任限额及免责声明是否满足被许可方的需要。

软件的许可期限可能是一段时间，也有可能是永久许可，许可还可以包含或不包含转授权或转让权，软件可以：

> 用在指定设备或任何许可方拥有或操作的设备上。

> 被有限数量的人员或工位使用，后者被组织内的任何人使用。

> 可同时使用或者在任一时间点有限数量的使用。

> 在分布式运行环境中使用或只能在某特定地点或设施

内使用。

> ➤ 在美国或全球使用。

> ➤ 远程使用或只能在特定设备或特定地点使用。

> ➤ 供被许可方独家或非独家使用。

　　软件许可方通常会对被许可方的使用情况作出各种限制，不仅仅是因为不同的用途能产生不同的潜在收益，同时也是在尽可能多地圈定许可方的责任和义务。例如，如果许可协议把访问使用权限定于指定数量的复制、特定的设施、设备或有限数量的员工，那么许可方就保留了对使用情况进行审核的权利，以此确保被许可方遵照许可协议行事。把对软件的使用限定于被许可方的雇员（而不是泛指类的"用户"），这样就可以防止软件被有可能成为付费用户的第三方使用，也能防止软件被竞争者或者其他不怀好意的人使用。

　　被许可方的义务便是维持软件各个方面的机密性，以及提供强有力的相关服务，包括被许可方的某些职责，如对其雇员、承包商和代理的行为和疏忽负责。同样，许可方也应保持其从被许可方处收到的关于软件的使用或许可方的服务条款的任何非公开信息的机密性。

　　软件的被许可方经常想把"验收"的概念编入软件许可协议当中，而许可方却倾向于不加入验收条款，他们更倾向于有限的质量保证。在很大程度上，被许可方有时间在他们的运行环境内对软件进行测试（依照临时许可或验收条款），因此他们通常能比较容易地接受持续时间相对较短的有限质量保证。对商业成品软件的许可来讲，更短的责任限制也可以接受。如果许可软件在被许可方的运行环境中运行需要复杂的集成或定制，则需要认真考虑一下是否应该在许可中加入一个服务协议。如果未把许可协议和服务的实际表现捆绑在一起，当定制后的软件无法在被许可方的运行环境中正确的运行时，被许可方将无法退回软件以及获得退款。

　　被许可方还经常要求支持和维护条款，包括通常有别于许可方正常提供的服务级别的保证。但是这种性质的针对单一客户的一次性协议实施和管理起来极其困难，许可方应避免这一点。从许可方的角度来看，质保期应该从许可方交付软件的那一刻起算，并限定于某一特定期限，越短越好。质量保证期的延长会对许可方确认本次交易的收入带来消极影响。

然而，让有限质量保证期始于软件产品的上市发行，而不是测试，对被许可方来说运行环境能够更好地保持完整的质保条款。被许可方通常希望许可方能够保证其提供的软件能够满足被许可方的需求或者能适合某个特定目标，而对许可方来说，最好是只提供软件实质上能达到与许可方发布的文件上一致的功能的保证。许可方应该把自己的责任限定为在特定期限内根据对方的货币支付情况而形成的责任，而不要承担超出被许可方支出金额之外的责任，而被许可方则应努力争取自己的责任限制，使之不仅与自己业已支付的成本相称，而且还要考虑到将来替换不合格软件的花费开支。

## 不要忽视"模板条款"

当事方通常不能仔细考虑一些更为普通的法律条款，这种条款通常被称作"格式条款"或通用条款。忽视这些通常会导致不良后果。其中一款是当事方一直需要考虑的，那就是适用法律或准据法。大部分的许可都会规定：如有分歧，诉讼应适用许可方所在地的司法管辖权。无论从成本还是从方便的角度来看，这都无可非议，许可方亦不会被强迫到多州去提请诉讼。被许可方也会寻求便利，想在自身所在地进行诉讼或仲裁。所以，有时会需要寻求一个中间地带。或者有时一方可能会选择放弃这种便利权，以换取其他他们认为更有价值更有利的商业条款。

然而，在确定准据法之前，应首先考虑一下销售税的问题。一些州对以电子（和 DVD 或其他有形介质相对）形式交付的软件不会征收销售税，而另外一些州对执行服务则不征收税费。选择一个免销售税的司法管辖地，无论是从软件初次购买许可还是后续的购买以及再发生的服务来看，都能为被许可方节省大量开支。

当事方还经常会忽略转让条款。大多数许可方都会禁止许可的转让，除非有许可方预先的书面同意，这就让许可方对授权的知识产权地址，以及对可能接近或使用软件的人员有了控制。这种方式能够帮助许可方确保被许可方对使用限制的遵守情况，并帮助其保护许可的资产，以免落入竞争者手中做一些对其不利的事情。同时，它还能使许可方确保将来的被许可方有着良好的声誉，愿意承担所有的许可责任，如果其使用比当时转让的更多的扩张功能的话，也愿意支付额外的许可费用。

然而，从被许可方的角度来看，限制性的转让条款限制了将其业务资产销售给第三方的能力，其中资产可能包含有价值的许可。州和联邦的法律法规以及绝大多数的资产购买协议，都会禁止当事方披露未决交易。然而，如果有关一项至关重要的知识产权资产的协议在没有提前达成同意的情况下，禁止被许可方对其进行转让，这将对被许可方的销售业务产生不利影响，因而也潜在地减少了其价值。如果转让条款至少能允许未经同意被许可方可以进行销售业务，就能避免这种困局。

## 附加的技术关联交易

除了有关软件、专利、商标和版权的许可协议之外，一些企业还就那些本质上提供服务但也包含许可元素的协议向律师寻求帮助。外包、主机托管以及基于网络的一些协议便是一些例子。这些协议都会包括诸如如何访问、如何使用、如何披露或者转让软件、数据或其他知识产权的管理条款。除了其他关注点，这些协议一般还要求合同各方解决维护和支持条款以及提供服务承诺等。

许可方和服务提供方通常会用格式合同条款来控制每一单顾客交易。在起草制定各类表单文件之前，律师应确保自身能理解客户的业务、行业以及产品，这和与顾客交易的洽谈磋商同样重要。法律顾问必须要了解目前业务及现有文件体系如何与现有顾客及其期望相一致，就合同条款来说客户经历的被顾客来回推敲最多的是哪些。顾问的目标之一便是对语言进行精雕细琢，使之能在客户要承担的风险与顾客的需求之间找到平衡，同时能促使顾客快速、顺利地履行与客户之间的承诺。一旦定稿，这些通用条款将用在所有的建议书和订单之中。为了保持客户职责和风险的标准化，对标准化条款的修改变动应保持在最低限度。

那些身为顾客的客户则应与他们的律师讨论，他们需要什么样的产品和服务，这些产品和服务对其商业运营有何重要性，有何财务限制，达成交易需要谁的批准，交易所需的资金是否已在预算之内，有哪些要求的标准条款，以及客户是否有一些必须要解决的特殊的敏感话题。

对于谈判过程，弄清客户对达成交易的底线也极为重要。为了找到答案，客户不但必须要对这些产品或服务的功能或使用，以及它们如何满足业务需求有所了解，还必须对采购流程有所把控，以确保必要时所需的资金、决策人员都能到位。

在对许可方或服务提供方提供的文件进行浏览之后，律师应该针对标记好的议题以及与客户运行环境相关的风险和客户进行讨论，这样能更好地理解客户在众多的议题当中如何划分优先主次。圈定重点议题对谈判过程来说十分重要，有时它能充当杠杆作用，运用不是十分重要的议题在谈判中争取优先级别更高的议题、获取更好的谈判结果。

不论客户是许可方还是被许可方，在整个谈判过程中律师和客户始终是合作关系。在谈判中，经常都是律师带头引领，但客户最好也参与讨论过程，这会很有帮助，因为过程中有可能出现一些客户以前没有注意到的问题。另外，许可方在谈判过程中展现出的灵活性通常是一个良好的标志，预示着将来和顾客能维持一个良好关系。律师的角色是识别出一些商业、法律议题以及存在的风险并向客户提出合理化建议，在考虑客户需求的前提下，有效促进并努力争取达成最为有利的交易。因此，在谈判的过程中，倾听另一方提出的议题、关切和说明也是至关重要的。如果没有真正理解双方的关切点，律师就不能起草出合适的合同语言，不能在不损害双方关系的前提下既能解决双方的关切之处，又能满足客户的需求。要记住——在合同签署之后，他们仍然要彼此持续地共事打交道。

## 新技术专利许可带来的特别挑战

新技术的专利许可带来了一些特别挑战。一般情况下许可方是一个初创公司，通常具备较低的谈判能力或斡旋能力，尤其是当面对的被许可方是大企业的时候更是如此。此类许可最困难的方面还是对知识产权的估值，以确定合适的一次性支付许可金额、分许可费用以及持续专利权使用金。对于市场该知识产权还是个未知数。况且当被许可方生产出最终产品时，其不仅仅包含许可方的许可知识产权，可能还包括其他方的。从包含在最终产品中的一堆"叠加"的知识产权中对某一单个部分进行价值评估具备一定的挑战性。因此强烈建议在进行许可谈判之前雇用价值评估专家。

## 在知识产权许可法规变化方面保持与时俱进

有许多高质量的出版物能为你带来最新案例，帮助你与最新动态保持一致，其中绝大多数还有电子版本。如美国律师协会商业分会出版的《商业律师》，还有美国律师协会知识产权分会出版的《LAND-SLIDE》。一些州的律师协会知识产权分会出版的期刊针对该州的法令法规以及法庭判决会提供一些指南。

此外，还有美国独立出版集团（Bureau of National Affairs，BNA）出版的《电子商务和法律报告》❶、《专利、商标和版权期刊》❷，以及许可贸易工作者协会（Licensing Executives Society）出版的《 Les Nou-velles》。许可贸易工作者协会是一个由知识产权、技术、技术转让和商业拓展的专业人士组成的组织，致力于许可业务和知识产权商业化，除了出版《 Les Nouvelles》之外，他们还举办了一些教育培训项目。

---

❶　BUREAU OF NAT'L AFFAIRS，ELEC. COMMERCE &LAW REPORT.

❷　BUREAU OF NAT'L AFFAIRS，PAT. TRADE. © RIGHT J.

## 结　语

无论是许可方、被许可方，还是企业、学术机构以及个人发明者，都会通过许可及相关安排进行知识产权的许可、调整、创造及使用。诸如本章中讨论的一些关键条款，能够确认各方的范围、权利以及限制，具有重大、持久的影响。理解一些广泛的商业议题、一般性挑战和陷阱以及经常导致将来产生分歧的关键条款，将有助于对内在风险进行成功管理，并有利于营造更为健康、更有意义的双边关系。

## 要　点

➤　知识产权交易从业律师能够理解合同双方在许可交易过程中面对的共同挑战，并不停地对其进行解决处理。他们知道如何提出正确的问题，可以为客户提供建议，并有效地起草文件。做到每一方都能更清楚地理解相应的权利和义务，以及另一方的期望所在。客户从一开始便能得到更好的保护，交易双方也能得到更好的服务。

➤　在进行知识产权排他性许可授权之前，许可方应认真考虑被许可方在不同地理区域、领域以及渠道方面的执行能力以及自己产品的多样化。把许可权利限制在上述所有方面中的几个方面则能很好地保护许可方，避免单一的排他许可可能带来的失败，并可能给许可方带来更大的知识产权使用费收益。

➤　限制排他性许可期限，要求最低年销售额，保留终止排他性许可或全部许可的权利，也可以使许可方更好地控制特许权使用费，以及保护知识产权的价值。

➤　商业需求影响并驱使、支配着法律条款——而不是反过来由法律条款支配商业需求。在忙于考虑许可条款之前，被许可方应仔细考虑一下自身的商业需求。

> 记住：合同双方在结束洽谈之后还需要继续共同工作很长一段时间，因此，法律顾问需要和了解自己的客户一样去了解另一方的问题和关切点是至关重要的。只有识别出双方的动机和立场，法律顾问才能制订出恰当的合同用语，在没有严重影响客户风险的条件下解决各方的关切之处。

## 作者简介

玛莎·莱斯曼·卡兹，法学博士。戈登费恩布莱特律师事务所（Gordon Feinblatt LLC）律师，主要在以下领域为企业提供咨询建议：隐私和数据安全事务、许可、技术和其他知识产权交易、电子商务以及社会媒体带来的一些新兴话题。技术交易的例子包括：许可、外包、技术转让、认购协议、网站法律条款、软件/平台/架构即服务（Software/Platform/Infrastructure－as－a－Service），以及云计算协议。她还帮助企业制定以及执行有关企业知识产权资产的开发利用及商业化管理策略。

卡兹女士被列入信息技术保护法的美国最佳律师（Best Lawyers in America，Information Tecbnology Law）。她还是隐私权专家国际协会认证的信息隐私权专家（CIPP），国际许可贸易工作者协会认证的许可专家（CLP）。

# 起草有效的软件许可协议

丽莎·塞勒斯·米卡罗尼斯
（索莫斯施瓦茨律师事务所，股东）

# 引　言

在当今先进技术日新月异的商业大背景下，软件许可协议已经司空见惯。商业客户需要各式各样的软件产品，而软件几乎在他们进行商业运营的各个方面都能提供帮助。基于这个原因，商业律师需要了解软件许可的各个因素，并为客户对许可协议进行有效的起草和审核。本文主要是从被许可方的角度对软件许可过程中的最重要的若干因素进行综述。本文还简要地讨论了知识产权许可过程中与许可协议相关的一些问题。

## 技术对知识产权客户群的影响

如今知识产权客户不会只来自于某一特定领域或行业。我的客户大部分是商业和娱乐实体，我还代理一些教育机构、开发独特健身计划的健身机构、互联网服务公司、软件和应用软件开发商、汽车技术开发商以及生产制造企业。过去的10年间科技取得的巨大进步已经使客户群结构发生了改变。那些在非技术领域的个体创业者如今也进行软件开发工作，在进行开发过程之前他们很有可能会联系一名律师来确保获得适当的保护。还有，如今几乎每一家企业都拥有网站并通过互联网进行大量的互动。由此引发的电子权限方面的争议也比以往有所增多。

25年前我从法学院毕业，并在华盛顿特区的一家专注于通信领域的精品律师事务所开始了我的职业生涯，因而我能很容易地看到从那以后技术发生的迅速变化。那时，美国联邦通信委员会对存在FM频率的许可还没有发放完毕，它有一个行政诉愿流程，不同的参与方可以参与申请并获得某一特定地理区域的无线电广播许可。我们就代表这样的参与方。之后我又去了一家位于底特律的律师事务所，主要从事商业诉讼及媒体法业务，其中包括代理一家网络电视公司的控告、知识产权以及诸如信息获取方式等其他传媒事务。

基于我熟悉"美国宪法第一修正案"❶以及"媒体法"的背景，我扩大了我的从业实践范围，开始从事版权、商标和专利诉讼业务，并且开始为一些客户办理许可及合同洽谈等工作。目前我的业务范围仍然是涵盖商业、IP 诉讼的混合体，通常包括进行复杂的商业和专利诉讼、代表知识产权所有者提起侵权诉讼，以及帮助许可方和被许可方达成许可协议。

## 在知识产权许可中帮助律师和客户保持与时俱进的资源

律师可以通过参加律师继续教育（CLE）课程和在线课堂的形式，使自己在知识产权许可和策略方面保持知识的更新。充分利用软件领域的资源同样也很重要，因为了解客户即将购买产品的唯一方法就是熟知现有的不同类型的软件。通过与多样化的先进技术保持同步，律师便能更好地预测在合同中可能出现的一些问题。例如，律师必须要了解客户即将购买的企业软件的数据是否属于异地远程数据。在这种情况下，律师必须预测到诸如网站瘫痪、被许可方无法录入自己数据等风险。常规的软件协议在责任限制条款中通常会把数据丢失排除在外，但如果客户的数据是由独立供应商控制的话，那么律师应该在新协议中加入在数据丢失情况下对客户进行保护的条款。

当在许可协议中代表比较大的客户时，通常情况下律师应该与该公司内部的法律顾问密切合作。律师可以帮助法律顾问了解知识产权法的最近变化以及知识产权策略，还可以为他们提供 CLE 项目、在线学堂、电子远程研讨会等相关信息。共享一下最近的法庭判决以及其他客户成功采用的最佳实践方式，使客户的法律顾问知晓最近相关信息，这样做同样颇有益处。

---

❶ 美国宪法第一修正案："国会不得制定关于确立宗教的法律，不得制定禁止自由信仰宗教的法律；不得制定剥夺言论自由的法律，不得制定禁止出版自由的法律；不得制定法律，剥夺人民和平集会及向政府请愿的权利。"该修正案于 1791 年 12 月 15 日获得通过。——译者注

## 在软件许可协议中加入损害赔偿、质量保证以及维护支持条款

　　损害赔偿条款是许可协议中最重要的因素之一。许可方必须向被许可方保证其对许可的拥有权；同时，被许可方必须避免有第三方索赔的风险，第三方会声称被许可方的使用侵犯了其版权、专利权或其他所有权而提出索赔。

　　律师如何处理损害赔偿，在很大程度上取决于许可的产品。由第三方提出的侵权索赔，以及由于许可方疏于职守未能依据合同履行其义务而造成不良后果，一般来讲被许可方必须承担由此带来的赔偿责任。特别是如果交易的软件产品涉及管理一些敏感的个人信息或其他机密信息，对交易的当事方来讲，最重要的是要有一份详细的保密条款以及违约责任的补偿条款，因为从法律上讲被许可方对上传的信息有保密的义务。当许可协议中的产品涉及机械或设备且将由客户的雇员或顾客使用时，在必要条件下，许可协议可能还应考虑人身伤害赔偿条款，当然这也不是必须的。这种情况下，被许可方的律师应尽力使许可方为任何由其提供的机器或设备造成的人身损害承担责任。

　　许可协议的另外一个重要因素是质量保证。软件开发过程中当然会出现问题——软件业并非注定没有丝毫误差，因此知识产权许可律师的策略之一便是要解决潜在的软件漏洞和问题，可以通过在协议中加入措辞强烈的保证条款和维护支持条款，由许可方修正解决这些问题。软件许可值得拥有性能保证条款，来保证软件会拥有如它描述的功能。被许可方也会理解，软件的功能可能会和它实际所能实现的功能有所差异，所以在客户签署许可协议之前，分清自己的商业目标是非常重要的，而律师也可以帮助客户确定这些产品是否能够满足那些目标。假如最后结论还是值得购买，那么质量保证条款将规定许可方对软件的表现和功能负责，被许可方的利益由此得到保护。

　　如果硬件和一些其他设备也是交易中的一部分，那么律师也要考虑硬件和其他设备的来源——通常来说，在一份主要的硬设备组件中，设备和软件供应商是两个不同的实体。这意味着，律师必须注意要把

质量保证条款传递到硬件上。在起草软件许可协议时，另一个问题是合同应当作为一份服务协议，还是作为按照《统一商法典》涵盖下的供货协议。❶ 另外，软件生产商如今都可能会通过互联网（"云计算"软件）来提供软件，这就有可能产生一些新的问题，必须引起客户的注意。今天的许可协议都必须包含保证条款，以满足在特殊情形下的需求，例如，如果供应商停止营业如何进行数据保存、如何处理其他意外事件，因为如果供应商破产或供应商的网站关闭，仅仅源代码由第三方托管可能不足以对被许可方进行有效保护。

最后，在购买软件时，被许可方必须确保许可协议包含维护支持条款，保证条款和维护支持条款互为补充，这样在质保期结束时，维护和支持义务便开始生效，以此确保许可方对影响功能性的缺陷进行持续修补改正。实际上，全部协议条款可能都是为了维护和支持。维护支持条款或协议可能会解决软件的升级换代问题，增价条款会解决可能出现的不同类型的问题。

验收测试是对运行维护条款的一个至关重要的补充。其能使被许可方在产品发挥作用之前免于承担任何责任或履行义务。若想草拟有效的验收测试条款，律师与客户需要紧密合作，了解被许可方需要软件发挥作用的方式。或者假如在某一时间期限内许可方未能使软件发挥作用，则被许可方可以终止协议。为保证软件在某一截止期限内起作用，里程碑付款方案也是一个极其有利的方式。在里程碑付款方案中，被许可方不会预先支付全部款项，也不按比例提前支付或者根据执行情况支付余款，而是基于许可方对详细的执行计划每一方面的符合情况进行支付。

律师还必须确保合同包含在许可方未能满足支持和维护义务情况下的补救条款。例如，如果在通知之后许可方仍持续地未能提供支持和维护服务，基于未达要求的程度以及对服务的整体支付情况，合同中可以加入赋予被许可方一定的货币补助的权利。此类条款为确保在

---

❶ 见例如 Gross v. Symantec Corp., 2012WL 3116158, at ＊8－9（N. D. Cal. July 31, 2012）（根据加利福尼亚州统一商法典，购买的杀毒软件会被当作一种"货物"）。

被许可方独特的运行环境中的功能性提供了一个解决方法。

## 草拟商标、版权和专利许可过程中的一般关注点

如今合同律师经常会碰到涉及商标、版权和专利许可的协议，这些协议中的问题和基本的软件许可协议中出现的问题并不相同。例如，在商标许可协议中，就没有必要包含验收测试和支持维护条款，然而商标许可协议应包含保护商标的条款并提供执行方法。

那些没有警觉意识的许可方会有面临失去商标权的可能风险。确保客户保护其商标权机会的最佳方式，就是把市场部的商标指南融入到客户协议中。如果客户拥有的是一系列商标组合，那么与客户内部的知识产权或商标律师紧密合作便显得尤为重要，以此确保客户不会面临在更大的协议背景下失去商标的风险。

在处理专利和版权许可时，许可本身一般是协议中的焦点，而商标许可通常情况下则是从属于协议的其他目的。例如，双方都有意向签署一项赞助协议，来共同举办一项活动，这就使得商标的交叉许可变得很有必要，允许他们使用双方的商标和营销途径来主办活动。在这个例子中，许可部分实际上是一个更广泛合同下的一则条款，这与专利或版权交易合同有着天壤之别，后者需要有实质的或者独立的许可协议，且必须解决专利或版权许可中的所有关注点。

当为许可方制定版权协议时，律师需确定客户计划进行许可的知识产权已经处于法律上的受保护状态。尽管根据普通法尚未注册的作品受到侵权也能获取补偿，但根据联邦《版权法案》❶ 进行的侵权诉讼，所述的版权必须在联邦政府相关部门完成注册。律师还必须确定期望的许可范围，以及是否有第三方的权利牵涉其中而需要作出特别的陈述和声明。

尽管合同的主体领域在很大程度上支配着协议的内容结构，但专

---

❶ Copyright Act of 1976, Pub. L. No. 94 – 553. 90 Sat. 2541（codified at 17U. S. C. § § 101 – 810）.

利许可确实有一套自身独特的关注点。例如，如果客户从事制造业，分许可的区域划分必须考虑如下因素：是授予排他性许可还是普通许可，如何界定区域范围和许可范围等。如果基于协议许可方将要收取特许权使用费，那么专利许可协议中还应包含报告条款，要求被许可方在一特定时间期限内进行报告；一个技巧就是把报告义务和许可方的开票周期结合起来（按季度开票对应按季度提交报告）。该条款中还应包含许可方对报告进行实际审计的方法，以确保其精确性，并确定许可方基于被许可方的报告能收到正确的许可使用费。从被许可方的角度来看，此做法也是有益的，因为它要求被许可方采用一个能确保被许可方履行其义务的方法。被许可方保留的任何有关使用权报告的记录，都应随时应律师要求给予提供。

## 应对知识产权许可过程中的挑战

我的客户有许可方也有被许可方，但代理客户进行购买产品并获得产品的许可的时候比较多。在任何许可协议达成的过程中，当就条款进行协商时，双方不可避免地会出现一些紧张局面。例如，软件许可协议中的被许可方，需要解决在软件中几乎必定会出现的有关功能性的问题，而许可方则需争取自己的有限义务，确保自己能保留所有权，并通过交易获得收益。例如，软件许可方一般不会同意将向被许可方提供软件的源代码作为许可协议中的一部分；然而，如果供应商破产，被许可方将会处于不能维持日常操作的境地。这个问题的解决办法就是，和许可方进行协商对源代码进行第三方托管——虽然这也不能使被许可方取得对源代码的完全权限，但在供应商破产的情况下，它可以确保软件持续的可操作性。通过这种方式，客户能保护其所购买的软件的价值。

在许可协议赋予的权利方面，被许可方必须争取最大的灵活性，这样他们可以自由地达到自己的商业目标，这就意味着在协商或草拟软件许可协议时，律师的目标应是理解该交易的商业特性。至于软件许可本身，律师应尽量避免意外，这其中包括明确期望的商业条款、软件功能以及公司购买软件的目的，还包括与客户的商业和法律代表通力合作，确定在客户提供的协议草案中这些目标是否都能实现。另外，了解客户想要达成这些目标的时间安排也是非常重要的，这不仅包括协商和起草合同的时间，还包括执行时间。

当代表被许可方时，一个很明显的现象就是在协商的初始阶段客户对商业交易的所有细节并不是很确定。律师必须帮助客户明确地表达出所要进行的交易是什么。为了达到这一点，其中的一个方法就是制订客户检查清单，包括在初次会议上律师需从客户那里得到答案的各种信息。这应该包括关键商业条款、财务条款、客户试图购买并获取许可的软件的功能、在发展与实施过程中许可方和被许可方的角色以及产品的新颖度等。

最后一个因素之所以重要，是因为如果该技术是一项并没有获得广泛实施的全新技术，在实际工作中可能并不会起到客户期望的作用。从一开始就搜集这些信息能够帮助律师决定如何起草具体条款，以有效解决在每一全新交易过程中可能产生的特殊问题。

在起草许可协议过程中面临的另一个挑战是，被许可方通常都不能理解自身的权利限制。例如，在购买定制软件时，客户可能有参与软件开发的机会并草写了一些代码，这就可能导致被许可方有这样的期望，在合同最终签订且软件已经执行后，客户仍然可以研究代码、修改代码。这种期望应该在协议中有所解决。另外，被许可方可能想要拥有其所修改部分的所有权。然而一般情况下那些修改的所有权也属于许可方。这就是为什么在开始就要让客户理解其自身权利的限制性以及在交易中努力争取这些权利的重要性。

同那些来自"涉世未深"的初创公司的被许可方共同合作会带来特殊的挑战。虽然在很多情况下，客户都能意识到需要寻求法律帮助来起草一份协议，但公司财务资源的缺乏通常会限制这种动机并使其转向了控制律师费用。他们当中很多人并不熟悉法律程序，亦不能理解律师的角色，不知道草拟一份合适的协议需要多长时间，以及他们需要支付的成本是多少。因此在花费时间准备协议之前，和客户就上述问题进行讨论并提供合理的预估费用就显得尤为重要，这会避免在工作执行之后产生费用分歧。这些客户通常对签署许可协议的另一方所带来的风险也毫无意识，因而，向客户解释知识产权许可协议所牵涉的方方面面可能会花费律师大量的时间。相比之下，与那些富有经验的客户打交道就相对容易得多。尽管他们也会从另一方收到结构紊乱、条款重复、质量不高的合同草案，审核和协商起来比较棘手且比较耗时，但由于许多客户拥有以前使用过的质量较高的书面协议，所以，同律师也相处得比较融洽，合作起来也比较高效。

## 客户在许可过程中的角色

在协议签署之前，对被许可方来说至关重要的是，要理解将要购买的产品，其是否能满足公司的运营需求，购买软件的目的是什么，是否有必要进行定制，以及是否支付购买了一些不必要的功能。通常情况下，被许可方是通过销售代表与许可方进行首次接触。遗憾的是其并不是辨别被许可方是否真正需要该产品的最佳人选。这也是为什么对被许可方来说，在签署协议之前要对产品功能进行独立调查、阅读评论、评估产品的成功案例等都是至关重要的。被许可方还必须了解软件的功能，该软件是否是一款企业软件，是否对企业的日常运营至关重要，以及如果产品的功能出现问题影响了日常商务运营，从实际以及法律的角度看它有哪些应急措施。另外，客户还需明确如果产品不能满足客户需求，其是否具备终止协议的权利。很多软件许可协议都被构建成认购合同，在认购合同下合同期限到期之前如果客户不再想使用软件，其付款义务并不会解除。

客户在把合同提供给律师之前自身先仔细通读一下，这样也能有效促进许可过程。令人遗憾的是，很多被许可方在收到许可协议之后只是简单地扫了一眼，并没有对合同条款以及这与他们之前对交易的理解是否一致等问题进行真正的考虑。律师应该要求客户对商业条款进行独立验证，而不要依靠供应商来提供。在起草或审核合同之前，律师可以提供给客户一份协议核查清单或要求客户提供一份有关协议商业条款的书面综述，包含定价、被许可方想要的终止权利、交易的其他关键因素，以及诸如许可方及其律师联系方式等的管理信息。

最后，将许可授予多个客户的许可方应对不同合同的关键条款保持记录。同样地，被许可方应对他们现有合同的关键条款一直保持充分认识。大部分的律师并不会为客户执行此项职责；在完成协商签署合同之后，对合同组合的管理便成了合同当事各方的责任。另外，那些拥有多重合同的许可方或被许可方，可能会对那些管理合同组合的软件产品进行投资。

## 改进许可进程塑造长久客户关系

当被许可方与同一个供应商进行多次交易时，律师可以制作一个增补表，其可以轻易地插入到包含早前双方业已协商并达成一致条款的订单、工作说明或未来协定中，这对双方都有益。这可以消除将来任何不必要的推迟或延误，因为双方可以不再多次就相同流程进行同样的工作。对被许可方来说，另一个可以确保磋商、起草流程顺利进行的技巧便是要意识到并理解许可方的商务流程；例如，许可方可以使用表格化的采购订单和许可协议关联在一起，而后者通常由独立的部门制订，不容易修改。

如果被许可方努力满足供应商的截止期限，双方的协商过程也会进展得很顺利。当代表被许可方参与谈判和审查流程，律师应了解供应商的时间安排。对供应商来说，在某一日期前完成一定销售目标是一种平常做法，而被许可方如果顺势帮其达成，这将对两者关系带来积极影响。这对两者达成长久的商业关系尤为重要。

最后，如果律师和客户保持着一种长期关系而另一方也和其法律代表延长了合作期限，如此双方的律师若能发展并保持联系的话，对双方的合作也颇有益处。

## 处理许可违约

被许可方如不能遵守许可条款则可能面临严重后果。例如，超过许可授予的权限就增加了发生无意识侵权的可能性，这将极有可能会给被许可方带来严重的财务风险。如果客户意图修改产品，律师必须确定协议中包含这样的权利，免得被许可方处于违约境地。如果许可方坚持因重大违约而暂停服务或中止协议的权利，被许可方也会有失去基本服务的风险。许可方经常会把被许可方未能履行支付义务的行为视为重大违约。基于此，在起草许可协议之前，被许可方的代表律师应该考虑客户的运营模式。如果律师知道客户付款进程可能会进展缓慢，律师则应努力争取一些赋予客户灵活性的条款，而避免把逾期付款视为重大违约的条款，那样将会剥夺被许可方按照自己意愿使用产品的充足权利。更广泛地说，当起草合同时，律师应充分考虑客户独特的运行环境和目标，以避免违约现象的出现，并通过识别极有可能出问题的地方来限制或降低客户责任。

当然，不同的客户也存在使用不同的手段。例如，当消费者经常对一些在线的使用条款及隐私保密权表示同意时，他们其实也达成了一种许可协议。法庭一般会认为这种"点击生效"的协议具备法律执行效力。消费者通过点击"同意接受使用条款"的方框，能够注册一个账户或者使用网站的某些功能或者购买现货软件产品。客户是否仔细阅读过这些点击生效的协议值得商榷，但法庭会支持这些条款，包括协议中的仲裁条款和司法管辖权条款。❶

两个经验丰富的商业实体之间签署的基于公平交易的协议若出现违约情况，其产生的后果与消费者和网站所有者或者畅销软件经销商之间的违约所产生的后果可谓大相径庭、差异巨大。然而，一些软件的供应商已经把他们的商业许可协议或许可协议的某些部分搬到了网上。从被许可方的商业角度来看，这种做法剥夺了其针对关键条款进

---

❶ 见 e. g. , i. Lan Sys. Inc. v. NetScout Serv. Level Corp. 183F. Supp. 2d 328 338 – 339（D. Mass. 2002）（法庭认为在软件安装之前"点击即生效协议"会出现在电脑屏幕上，协议包含把软件经销商的责任限制在客户为许可产品支付的许可费之内的条款，法庭支持此类点击即生效协议，并推断网络支持提供方在点击"我同意"方框时已经同意了该协议条款）；Sherman v. AT&T Inc. , No. 11C 5857, 2012WL 1021823, ＊2 – 5（N. D. Ill. March 26 2012）（支持 AT&T 点击生效协议中的仲裁条款）；Feldman v. Google Inc. , 513F. Supp. 2d 229, 235 – 243（E. D. Pa. 2007）（支持谷歌点击生效协议的有效性，包括管辖地选择条款）。

行有效协商的能力，并潜在地受许可方单边变化的支配。基于此，当律师代表被许可方面对此情形时，应坚持使用经协议达成一致的合同（把在线协议剪切复制成一个单独文件，并在必要时删除某些条款）和/或删除许可协议中许可方对附加的网上条款的通用参考条款，取而代之使用经协商的协议本身的条款或一同呈现的附件中的条款。

## 结　　论

整体而言，在应对知识产权许可过程中产生的挑战方面，上述策略都获得了成功——尤其是在处理就软件许可达成协议之后经常产生的维护和支持问题时。许可方若不能履行其支持性义务，将会使被许可方深感失望并可能会对被许可方的商业运行产生实质性的消极影响。对如何应对这种情形进行反复协商之后，我认识到最好的方式便是从一开始就把类似于本文讨论的条款融入到许可协议中。多年谈判经验使我逐渐总结开发了上述策略；就像法律的其他领域一样，律师在合同洽谈、应对紧急情况以及促成交易达成方面的经验和律师策略得以成功实施有着紧密的联系。

参与诉讼过程针对上述经验的积累也是十分重要，通过观察实际中造成付诸诉讼的各种类型的分歧产生的基础，能够帮助律师识别将来可能产生的问题，并在合同的草拟阶段就协商出避免类似问题的方法。例如，通过签约后对某些条款的亲身经历，律师已经意识到诸如通知和管辖权等类似条款的重要性。相应地，通过结合商业诉讼及谈判的经验来制定策略也是成为一名有效的合同谈判者和起草者的可取途径。

若想真正成为一名有效的知识产权许可律师，通晓客户以及客户的企业文化也至关重要。特别是当律师开始和有可能建立长期合作关系的客户合作时，律师所能做的最重要的事情便是通过访问客户、留意公司组织的每一方面、了解公司组织结构以及确定商业目标等直接方式了解客户，建立第一手资料。另外和公司业务人员、内部法律顾问、每一个部门的经理或主管，以及对许可过程来说比较重要的每一位人士建立起良好关系也同等重要。

如前所述，对每一位知识产权许可律师来说与快速变化着的技术保持同步也很重要。CLE 课程很重要，但律师也应充分利用机会学习一下新技术，包括在网络和社会媒介上的一些最新进展。假如律师尚不能理解许可协议中的主题事物，那么他也不可能给客户提供有效的许可服务。

## 对知识产权新律师的忠告

年轻律师不应该把上级所说的每一句话都奉为金科玉律，我真希望自己从开始职业生涯的那一刻起便能意识到这一点。我对新律师的忠告就是充分认识自己，对自己的人格特性要有充分自信。特别是女性律师可能会发现做一个强硬的谈判者、在谈判中从不让步并不是维护客户利益最有效的方式。相反，如果律师性格特征的某一方面使他或她成为一个善于沟通者或共识搭建者，那么其应该好好运用一下自己的优势。

获得成功的另一关键是，要把重点放在客户的最终商业目标上并理解律师在整个过程中的角色。客户的商业目标可能会和律师针对合同每一方面每一细节的谈判能力有所出入，但重要的是律师要努力实现这些目标。

律师还应该避免因竭力追求制订一份"完美协议"而使商业进程陷入停滞不前的局面，其实根本不存在所谓的"完美协议"。律师的目标就是精准地表达出所要协商的交易，预测并努力降低客户的风险。不论合同金额是多少，风险限制才是重要的；即使合同是可协商的固定费率合同，律师也应忽略来自客户和另一方催促向前推进的压力，花时间对那些可能给客户带来风险责任的问题进行仔细评估，风险有时会远大于合同额，例如，在客户数据方面违反保密合约可能会给客户带来严重的财务责任。合同金额并不是关键——对风险的评估理应是律师关注的另一个更重要的主题。

最后，新律师不应该做一些无所谓的重复工作，而应在开始的时候就建立一个文件库，里面包含各种协议的模板——许可方/被许可方，保密协议、维护和支持协议——以及用来处理经常出现的问题的替代条款等。

# 要　点

> 当代表被许可方起草和协商软件许可协议时，一定要把许可方的损害赔偿责任包含在内，造成损害赔偿的情况，一般是来自许可软件的知识产权侵权以及根据协议由任何第三方提供给被许可方的软件的知识产权侵权而引发的索赔。

> 当软件许可协议涉及许可方有权使用的客户数据资料，而被许可方对这些客户数据有保密的义务时，应包含一份详细的保密协议，以及对侵犯保密协议情况下的严厉的赔偿条款。

> 为保护被许可方的投资，软件许可协议应该包含许可方的性能保证条款。

> 确保软件许可协议包含充足的维护和支持条款，这些条款和质量保证条款互为补充。当质保期结束时，则维护和支持条款开始生效。

> 在软件许可协议中考虑加入验收测试条款，尤其是在协议包含定制性服务的情况下。还要加入许可方若未能满足所述的维护和支持义务需要承担的后果，以确保被许可方在验收之后面对表现不佳的支持服务时有追索权。

> 在判定协议是否对客户的利益提供充分保护时，应聚焦于面临的风险而不是合同金额。

# 作者简介

丽莎·塞勒斯·米卡罗尼斯（Lisa Rycus Mikalonis），底特律索莫斯施瓦茨律师事务所（Sommers Schwartz PC）的股东，是一位媒体律师及商业/知识产权诉讼律师，有超过 25 年的从业经验。除了诉讼，她的执业范围还包括在保护知识产权、草拟许可、服务、支持、保密协议等方面为客户提供建议，还在电子商务及其他网络法律事宜方面为客户提供咨询服务。

在加入索莫斯施瓦茨律师事务所之前，米卡罗尼斯女士是汽车城赌场酒店（MotorCity Casino）的法律顾问。再之前，她是韦恩州立大学法学院负责就业指导的助理院长，并教授法律研究与写作、媒体法等课程。她曾在华盛顿特区及底特律大都会区的律所供职，代理过印刷及广播媒体、互联网业务提供商、软件开发商、出版商、作者、发明人、娱乐及博彩公司、制造商以及其他多种多样的商业实体，并为他们提供咨询服务。她还参加过不胜枚举的媒体法领域的专题讨论会，以及法律界有关妇女地位的研讨会。

# 医疗技术领域的
# 知识产权许可策略

芭芭拉·瑞格利

（奥本海默、沃尔夫及唐纳利律师事务所，合伙人）

- ➤ 引言
- ➤ 行业动态
- ➤ 许可生命周期背后的策略
- ➤ 许可协议的关键条款和战略性思考
- ➤ 结论
- ➤ 要点
- ➤ 作者简介

# 引　言

我的从业范围粗略地讲可以分为两部分：知识资本管理和交易型业务，包括由知识产权驱动的对早期创业公司以及中型医疗技术企业的并购和许可，我把这类公司统称为"早期公司"。针对早期医疗技术企业提供知识产权许可策略方面的咨询，从这一方面来讲，我的两个业务范围有很大的重合之处。

什么是许可策略？本质上来说，所谓策略就是指知道你要到何处、如何到达那里。当某一个第三方联系专利权所有人表达希望得到一件或多件专利权许可的愿望，这种许可机会有时会产生消极的后果，而有些许可机会则可以带来一种积极效应。我一般采用分析法为客户建立一种许可策略。通过对专利前景深入透彻的分析以及对客户的业务、专利组合和未来战略方向的熟练把握，许多潜在的许可机会可能就会渐露端倪。

## 行业动态

在医药技术领域，有三个主要动态会对许可策略及针对许可的洽谈磋商产生重大影响：资本市场及资金对早期企业依然保持收紧状态；联邦食品和药物管理局（FDA）作出的市场准入批准（Market Clearance）和上市前批准（Pre-market Approval）严重滞后；❶ 以及为创新医疗设施申请专利保护时而美国专利商标局（USPTO）也出现长期滞后。❷

### 紧缩的资本市场

大约三年前，在经济开始衰退后不久这种趋势便开始出现。从此

---

❶　See：generally，Food & Drug Admin.，http：//www.fda.gov/.
❷　See：generally，U. S. Patent & Trade Office，http：//www.uspto.gov/.

以后，早期企业的融资便开始变得困难。虽然有很多风投资本家可能有意愿成为第二或第三投资人，但实际上没有投资公司愿意充当第一投资人。协议的条款也变得越来越苛刻，人们对专利价值、技术可实施性，以及由《美国专利改革法案》（AIA）产生的专利法的变化都给予了更多关注。❶

在决定是否对某一个特定企业投入资金时，投资者一般会考虑几个因素，比如与市场先前技术相比此技术的独特性，该技术可持续的竞争优势，以及价值/回报方式，是否要进行首次公开招募（IPO）——实际上到如今都没有听说过——或并购，或许可。

## FDA 对市场准入批准及上市前批准的延迟

早期公司的融资已经面临资源紧缩的局面，尤其是来自风险投资公司的投资更为缺乏，给这种严峻形势火上浇油的是，FDA 对市场准入批准及上市前批准❷的滞后。明尼苏达州是美国早期医疗器械公司比较集中的一个州，在全美也位居前列。行业组织估计该州拥有超过 400家的医疗器械公司，雇员超过 3 万人。在获取 FDA 510（k）批准以及上市前批准方面，FDA 的批复非常之慢，最近明尼苏达州的两位参议员和八位国会议员向 FDA 局长玛格丽特·汉伯格（Margaret Hamburg）

---

❶ 2011 年《美国专利改革法案》（AIA）Pub. L. No. 112 – 129. 125Stat. 285 （codified as amended in scattered Sections of 35 U. S. C.）由国会通过，并在 2011 年 9 月 16 日由奥巴马总统签署生效。该法案是美国专利系统自 1952 年以来影响最为深远的变革。《美国专利改革法案》根据其主要倡议者参议员帕特里克·莱希（民主党—佛蒙特州）和众议员拉马尔·史密斯（共和党—得克萨斯州）。通过该法案，美国由以前的"先发明制"变为"先申请制"，从而与世界上的其他国家保持一致。该法案还取消了以前的专利冲突程序（Interference Proceedings），增设了授权后重审（Post – grant Opposition）。

❷ FDA 把医疗器械分为三类，而根据产品等级分类（Ⅰ，Ⅱ或Ⅲ），上市的程序可分成三种：Ⅰ，Ⅱ类豁免即 510（k）赦免；上市前通知 pre-market notification［510（k）］；以及上市前批准 Pre-market Approval（PMA）。为了在美国上市医疗器械，制造商必须经过两个评估过程其中之一：上市前通知书［510（k）］（如果没有被 510（k）赦免），或者上市前批准（PMA）。大多数在美国进行商业分销的医疗器械都是通过上市前通知书［510（k）］的形式得到批准的。510（k）文件是向 FDA 递交的上市前申请文件，目的是证明申请上市的器械与不受上市前批准影响的合法上市器械同样安全有效，即为等价器械（Substantially Equivalent）。申请者必须把申请上市的器械与现在美国市场上一种或多种相似器械对比，得出并且支持等价器械的结论。——译者注

博士联合书写了一封信，表达了他们对现状的忧虑："（FDA 对医疗器械缓慢的审核进度）已经对创新形成阻碍，延缓了病人获得新的治疗方法，并对美国在全球医疗领域的领先地位造成损害。"

情况确实是这样。最近由位于华盛顿特区的健康技术研究学院发起的调查表明，大约有 2/3 的小的医疗器械公司选择欧洲并通过 CE（Conformite Europeene，符合欧洲标准）认证建立临床安全性和有效性数据，在获得 CE 认证之后又重新返回美国市场。❶ 尽管大多数公司都同意通过欧盟流程获得 CE 认证是一种相对更为容易、速度更快、花费更少的途径，由许可收入产生的资金来源，还是要求用于进行临床研究。

## 美国专利商标局的滞后

影响许可策略的第三个因素是，为创新医疗设备申请专利保护时来自美国专利商标局的延误和滞后。许多被许可方获得的是专利申请的许可权，但很多被许可方在授权的专利信息出现在许可产品上之前都不愿支付专利权使用费。对美国专利商标局来讲，它正努力处理积压的 64 万件未经审查的专利申请。平均而言，需要等上 23 个月才能收到初次审查决定书，而有的领域则需要 4 年。那些受理诸如生物信息、软件等"热门"技术领域专利的部门，在审查专利时速度会更慢。有时，那些迅速变化的技术在专利还没有授权之前便已成明日黄花了。

上述三个因素形成了一场"完美风暴"，推动抑或阻碍着早期公司的许可机会。紧缩的资本市场驱动客户寻找不同的资金来源，例如执行许可协议获取的预付资金用以研发、临床研究或为公司的产品或其他兴趣领域获取 FDA 或 CE 的准入和批准提供资金支持等。FDA 对产品入市前批准的延迟，会造成根据里程碑付款方式许可方收款的延迟。而美国专利商标局的滞后则可能阻碍早期公司的许可机会，因为一些

---

❶ NORTHWESTERN STUDY: OPPORTUNITIES FOR IMPROVING FDA's 510（K）PRODUCT CLEARANCE PROCESS, INSTITUTE FOR HEALTH TECHNOLOGY STUDIES［EB/OL］. ［2011 - 05 - 24］. http：//www. inhealth. org/Content/flipPDF/510ksurvey/files/510survey. pdf.

大的公司在为许可进行任何支付之前都要求获得专利的市场保护。

在本文的最后部分，我会谈一下许可生命周期，内容涵盖从创建促进许可策略的基础到针对许可进行的谈判，其中包含在达成许可交易过程中我认为比较重要的关键条款。

## 许可生命周期背后的策略

### 建立许可机会

如上所述，我的95%的业务来自医药技术领域，为那些寻找资金来源的早期或中型企业提供咨询服务，获取资金的途径一般是通过风投资金、天使基金或者是来自更大一些公司的许可机会。咨询的内容包括帮助处于早期阶段的公司，集中制定一份正式的确保他们在某一特定领域内市场上的竞争性地位的知识产权战略计划，为竞争者设置专利障碍，告知内部决策人士最近进展以及推动评估等。尤其是考虑到早期阶段公司的财务限制，绝大多数的知识产权策略仅仅包含为每一项单独发明获取专利保护的策略，而不是在知识产权方面创立一个"价值定位"。有时财务方面的限制还会使人产生这样一种心态，他们仅仅在美国寻求专利保护而未把目光投向海外市场。而早期创业公司也过度依赖那些拥有竞争优势的发明者的主动性，由他们将发明公开提供给专利顾问，而企业本身则几乎没有处理专利流程中的"负责人"。结果，在知识产权开发周期内，合适的流程和专利开发周期两者并没有很好地整合起来。

另外，大多数的早期公司并没有可迅速采取行动的、编制成册的知识产权策略。策略方向的缺乏通常会导致其专利布局缺乏焦点，亦不会产生能够吸引投资者或寻求被许可机会的第三方的价值。换句话说，"单一产品/单一专利"的心态不会创造出必要的专利障碍或牵绊格局，能使一家小公司吸引到投资，亦不会使公司许可的潜在价值实现最优化。

因此，随着早期公司的成长，我的大部分时间也集中放在了帮助这些公司实施一套由业务驱动的、编制成形的以及可迅速采取行动的知识产权战略，并把公司的商务战略计划、竞争者的专利和专利活动趋势、产品价值链以及对公司价值的最终影响等因素考虑在内。上述所有因素可促成一个能对价值实现最优化的许可策略的成功执行。我的另外一部分时间则用在了和风险投资家以及天使投资人合作，对专利组合、专利的实时操作以及专利组合中的潜在机会点进行评估，为决定是否进行投资提供信息支持。

在制定将价值和许可机会实现最大化的知识产权战略计划时，我一般会采用双重途径。在第一阶段，先对公司现有知识产权资产（可能毫无价值）进行一次内部审计，确定现有的专利、专利申请、商标、版权、商业秘密和专有技术（Know – how），识别其未能涵盖的、并通过许可将会产生一种战略优势的缺口和区域。对能给公司创造战略优势的缺口的识别分析，部分也是为了确立技术平台进行专利申请。

例如，有三个发明：一种聚砜中空纤维膜、一种聚酰亚胺螺旋绕制膜、一种聚丙烯平板膜，公司如果使用单一发明/单一专利方法的话，就会得出如下结论：其有三个许可机会。然而，当投资者或被许可方检查这个组合时极有可能得出其缺乏战略重点的结论，其实不止这些：被许可方还可能不会为其中的某一件专利支付一笔可观的许可预付费或专利权使用费（除非它是一项充满创新、有突破性的技术）。然而，在申请专利和识别许可机会之前对技术策略进行简单的重组，便有可能成为强有力的战略组合，从而也易于获得多重许可机会。

这三个发明的共同点是什么？当然是：一种膜。因此，一件"膜及其制造方法"的专利便可以提交申请了。随后可对聚砜、聚酰亚胺、聚丙烯的使用提出申请，其可以用来制造膜。可以更进一步提交申请，范围涵盖不同膜的多种多样的商业实施例——湿纺膜、平板膜、绕制膜、熔纺膜。最后，公司可以提交涵盖膜的用途的专利申请，其可以用在透析器、水过滤器、透析液过滤器、血液过滤器、人工肝脏、生物反应器系统中的 pH 调节器，以及药物输送装置等。作为第三方的被许可方，经过对上述的组合进行尽职调查之后会得出结论，该公司主要致力于医药用途的膜，而对于膜科技领域则有无数的申请和许可机会。这种感知对许可将是一种强有力的推动和刺激。

在围绕尚未获取专利权的技术进行许可协议商谈的过程中，经常会碰到的一个绊脚石，那就是在专利取得专利权之前被许可方一般不愿意支付专利权使用费。关于这个话题我会在后面有更详细的阐述，但如今考虑到前面所述的美国专利商标局在审查方面的滞后，明智的做法就是充分利用现有的一些"快速通道"流程。对于这些流程是否使公司在简短的时间内在一些关键技术上获得专利保护，人们众说纷纭还没有一致的看法；然而早期数据似乎表明在一年或更少的时间内一定量的权利要求得到准许似乎成为可能。

目前美国专利商标局有三种流程可以实现快速地获取专利保护：专利审查高速公路（Patent Prosecution Highway）、优先审查（Prioritized Examination）以及一审会面试行项目（First Action Interview Pilot Program）。当然，专利从业者也可以使用久经考验的方法，那就是在与审查员会面时进行极力争取，以获得同意和准许。假如公司想建立一套激进的许可策略，尝试一下快速通道流程则是不二之选。就如前所述，如果技术已经获得了专利保护，那么许可方公司就极有可能会针对许可协议签署之日起的专利权使用费或许可预付费进行协商了。

第二阶段包括详细的专利前景搜索和竞争性评估，其可以和第一阶段同时相互协调进行。第二阶段提供了一个基准，通过这个基准，公司可对其拥有的技术进行评估，对其所拥有的竞争性技术的重要性进行一个有根据的评价，还为其自身的知识产权提供一个分类法并对其进行归类划分，识别与其产品相一致的归入同一技术领域的第三方专利，并识别公司可以扩展的"空白地带"，这可能会导向实现盈利的新机会。一旦识别出空白地带，在作出申请专利保护的任何决定之前，我们把空白地带技术归入一个产品分类，不管它是公司的还是第三方的产品，也不论是现在的或将来的产品。

当我们识别出可以利用此技术的医疗产品，需要做一个评估，看该产品是否具有用于报销或补偿当前操作术语（Current Procedural Terminology，CPT）代码。执业医师给病人做的每一件事情、提供的每一项服务和医疗器械都有一个数字代码，这就叫 CPT 代码。保险公司可以使用这些代码以确定支付给职业医生的报销金额。在医疗技术领域，如果产品没有报销用的现行 CPT 代码，则会给开发过程额外增加一层费用，产品所应用的技术对第三方来说也很有可能不会产生有吸引力的许可机会。基于以上分析，我们帮助公司优化选择哪些发明应该申请专利（专利申请决策过程）以及到哪里去申请（国外申请决策过程），确保产生的专利组合能够产生可持续的可量化的指标。

在第三个阶段，对上述流程产生的信息进行分析利用，识别出该技术的可能有兴趣的授权对象即被许可方。从商业的角度来看，公司也需要自我发问：进行许可的商业目的是什么？它将给我们带来利润吗？除了预付款和按里程碑付款的可能性，公司是否有机会去帮助和/或培训被许可方如何使用该专利技术，是否也转让专有技术？公司会为被许可方开发产品吗？是否为被许可方进行生产制造？有什么东西许可方想从被许可方那里获取从而形成交叉许可的机会？

## 条款清单及其相关议题

许可协议的关键条款包括重要的商务和法律条款。准确理解什么是条款清单，什么不是条款清单，这对双方都有益处。有时候条款清单能有所帮助，能够推动向前发展并使当事方就一些关键议题确定自己的立场。而有时候条款清单会使当事方觉得在某些特别问题上他们的立场已经获得"保护"，其规定的义务具备"约束力"。然而，条款清单并不是一个简短合同，其一般不具备可执行力（涉及保密和排他性经营权的条款除外）——但假如条款非常具体精确，其也能具备可执行力。例如，经济条款表述的越详细，包括前期预付款、里程碑付款、特许权使用费以及股权等，法院采纳这些条款认为其具备可执行力的可能性也就越大。

条款清单是许可协议中的关键条款清单，以及公司对每一条关键条款的初始立场。并不是每一个许可协议都涉及条款清单，但大多数情况下，当事各方愿意就许可协议的关键条款预先进行商谈，例如使用领域、授权性质（排他性 v. 非排他性）、特许费结构及费率、里程碑付款等诸如此类。条款清单通常还包括保密条款以及在某一限定时间内要求许可方只能与被许可方进行独家协商的禁止与他方协商条款❶。除了和保密以及排他性相关的条款外，条款清单通常情况下不具约束力。尽管条款清单对于协商交易的关键条款来说是一个好的起点，但最终的书面许可协议，强制性地规定了各方的责任和义务，因而在某些环境下是推动事情向前的更好的一种方式。

从法律角度讲，条款清单通常会被认为对双方努力建立的共识不具备约束力。尽管在意向方面其通常没有约束力，然而其具备为最终的许可协议协商建立期望值的效力。遗憾的是，很多早期公司在就条款清单进行谈判时并没有咨询许可律师，而律师提出的一些问题和议题可能促使公司重新思考在某些方面的立场。例如专利权使用费率通常为预先协商的条款之一，如果在最终协议的谈判期间该技术经历了一个重要的里程碑，或者涵盖该技术的广义权利要求在多个司法管辖区得到准许，这将会出现什么情况？许可方可能想要更多有利的经济条款，而他却不能这么做，因为被许可方已经同意了一个其认为公平的许可费用，若想让其改变立场是一个很棘手的问题。

通常情况下，条款清单还包括禁止与他方协商条款，即禁止许可方在和被许可方进行洽谈的一段时间内为了实现更好的经济利益另寻买家。该条款很明显是倾向于被许可方的。从经济的角度看，许可方肯定会努力使自己的投资回报最大化，那么为何其不能同时和多个被许可方进行谈判呢？前面讨论的识别"空白地带"的相关动作应该能产生不止一家的被许可方，许可方应该能充分利用好识别出的多家潜在被许可方。但当事各方就排他性许可协议进行协商时，禁止与他方协商条款仍然是一个惯例条款。

支持签订条款清单的人可能会争论道，条款清单能够有效促进许可协议的协商和草拟过程，尤其是在处理复杂交易或当事一方或双方对许可交易缺乏经验的情况下。如果各方决定签署意向书，要注意经济条款描述得越详细，法庭认定其具备可执行力的契约的倾向性就越

---

❶ No－shop Clause：协议中的禁止条款，为了保护交易目标，公司不得寻求其他类似交易。——译者注

大。当当事一方或双方通过支付销售产品的特许权使用费或开始移交技术等方式开始履行其职责时，尤为如此。

为了避免非预期的后果，你应该考虑不包含详细的经济条款，诸如"在最终协议生效执行的同时，应支付首笔付款"，或"XYZ 集团将根据净销售额按百分比支付许可费用"，抑或"作为签署最终协议的回报，许可方将会从被许可方处获得一定的股权收益"。条款清单中不具约束力的条款应该作为"提议"条款被提及。当然你也可以加上一条声明说明该意向书不具备约束力，当事双方彼此并不承担相互责任或义务直至最终协议的签署。目前还没有判例法建立起可明确适用的标准，说明什么样的条款清单具备法律可执行力，哪些不具备。大部分的法院都是根据实际的整体情况对条款清单进行审查。如果双方都有执行条款清单的意愿，在针对条款清单进行协商之前，花钱雇用一位经验丰富的许可律师就显得很有必要了。❶

跳过条款清单的草拟环节，直接进行最终许可协议的谈判的做法是否更为适合，在实际中公司应该仔细考虑一下这个问题。通常情况下，交易越复杂，就越适合起草一份条款清单（注意前面谈到的注意事项），而交易的复杂性越低，就越适合直接进行许可协议的谈判。

## 许可协议的战略谈判❷

在许可协议谈判过程中，最重要的唯一因素便是要做好准备。无论是代表许可方还是被许可方，关于交易以及其涉及的知识产权价值，你获取的信息越周全，你帮客户精确达成期望目标的成功性就越高。我列举了一些与客户共同探讨的问题，根据我的经验这些问题经常会被忽视。对一些问题提前讨论并形成一致意见对营造顺利的谈判过程、最终成功达成互利双赢的许可协议会大有帮助。

首先，准备工作包括对谈判内容底线的了解。对许可协议中的每

---

❶ Pharmathene Inc. v. SIGA Techs. Inc，No. 2627 – VCP，2010WL 4813553（Del. Ch. Nov. 23，2010）.

❷ To explore the topic of negotiation, see ROGER FISHER, WILLIAM URY, &BRUCE PATTON, GETTING TO YES: NEGOTIATING AN AGREEMENT WITHOUT GIVING IN（2d ed. 1991）.

一项条款，要和你的客户就最佳方案及底线达成共识。例如，当想要知道作为许可方的早期创业公司对许可费率的立场时，可以问：公司对其所拥有的技术期望获得多少专利权使用费？基于客观标准这是否站得住脚？公司能够接受的专利权使用费是多少？前期预付款、里程碑付款以及特许使用费是否能够抵偿公司以前的研发费用及其他开支？联系到前面所述事项，如果协议提前终止会怎么样？提前设立这些条件和问题总是会有帮助，能助你主导推动谈判进程。

同样地，对被许可方可能的上限和底限进行头脑风暴、集中讨论也是一种有用的做法。这样做时，要问：开发此项技术要花费被许可方多少时间？专利中的权利要求是否能很容易地实现专利回避？在相关领域是否有其他实体或个人进行了类似的交易？理解谈判协议的最佳备选方案（Best Alternative To a Negotiated Agreement，BATNA）也同样重要。换句话说，公司对许可交易的备选方案是什么？如果有充足的质量良好的备选方案，那将会确定谈判的基调。如果有极少或者没有备选方案，其公司又急切地想签署协议，那么就会丧失很多砝码。

确定哪些内部人员将参与许可谈判以及确定他们将要承担的角色同样会有帮助。谁将是主要谈判人？是商务人士负责商务条款、律师负责法律条款，还是两者合而为一？如果有一个主要发言人，其具备解决过程中出现的问题的权利吗？我一直持有这样的观点，在一场艰难的谈判中当双方谈判陷入僵局，最理想的做法就是这样说"关于这个问题我需要回去和我的 CEO 核实一下"。换句话说，从来不要让最终的决策者成为日常谈判过程的一部分。但是，根据你的谈判进展、姿态，你也可以让决策者参与到谈判过程中，以便在现场作出迅速的决策，但这需要提前明确。

尽可能地获取对方信息也会大有帮助。通过美国证券交易委员会（SEC）❶ 的呈报信息搜索另一方业已签署的其他许可协议就是很好的信息来源。虽然你无法发现许可谈判的具体进展及不同的草稿版本，

---

❶ Searh Company Filings. US Securities & Exch. Comm'n，http：//www. see. gov/seareh/search. htm.

但这些公开的许可协议却提供了一些很好的信息来源，诸如哪些问题对方认为比较重要以及哪些条款可以是对方最终能够接受的。

## 许可协议的起草

律师之间好像有一种说法，大致意思是"谁起草合同，谁掌控主动"。虽然"掌控"起草流程并不被认为是一个公平的竞技环境或者持有合作双赢的态度，但有一点是清楚的：协议的第一版草稿，无论是哪一方制定的，都会为接下来的谈判设定基线。如果之前已经产生了条款清单，第一版草稿有可能对其有所反应，也有可能不会。还有一个惯例，叫"买方草拟合同"。在许可的背景下这意味着将由被许可方制订第一版草稿。然而，如果我代表许可方，我总是会提出："这是我们的技术，所以由我们制订合同草稿更合乎情理。"

有一种情形总是令我很吃惊。处于早期阶段的许可方通常会允许被许可方起草协议，力图节省开支也就是律师费，当被许可方是一家比较成熟的公司时情况更会如此。成熟的公司内部都有自己的法律顾问，他们会告诉那些创业公司由他们来起草合同，这样可以节省许可方的开支。如果根据交易的组织架构，许可方可以收到预付款，那么律师费完全可以来自预付款。另一件令我比较吃惊的事情是，本着节约开支的精神，一些公司自己去协商许可协议的实际条款，在交易签署前的那一刻把协议拿给了律师"给快速过一遍"，那时已经几乎没有什么方法来作出任何变化了。

在草拟许可协议的过程中经常会出现的另一个问题是，商务人士或律师总是会从其以前起草的、看起来似乎能满足目前所起草协议要求的协议中拉出某些条款进行使用。但是，要事先警告：这是正在使用业已完成谈判并达成一致的条款，与最初的描述相比其作用极有可能已经大打折扣。从以前从未协商过的条款开始是更为明智的做法，也有利于维护客户的立场。

## 许可协议的关键条款和战略性思考

在一份许可协议中有很多关键条款，这取决于你浏览它的角度，看你是以一种有利于许可方还是有利于被许可方的视角来看它。许可协议中的关键条款本身就是一本书，所以我将要阐述一下对许可方和被许可方的战略性思考都比较重要的几项关键条款。这些样本条款只是用作举例，并不意味着它们都是正确的、不需要修改和改善的。

## 授权条款

在许可协议中有许多重要条款，其中最重要的条款之一便是授权条款。对授权条款及其运作方式进行透彻地理解至关重要。从许可方的角度来看，其应该问，"许可方需要对技术的某些部分有所保留吗？"从被许可方的角度来看，其应该问，"被许可方需要哪些权利以便能在业务上更有效地使用这些技术。"如果该技术涉及版权、商业秘密以及专利，甚至还有商标，那么就有必要在许可协议中进行若干个授权。为简单起见，我将把我的陈述限制在只包含专利权和专有技术的授权许可上。

排他性许可或独占性许可是指对专利技术所有权利的许可，简而言之是对所有权利的转让。在多数情况下，排他性许可是指尚未被许可方占有的在某一特定应用领域中对所有权利的许可。

授权条款的草拟可以有很多方式。作为一个例子，我们一起来看看下列授权条款：

> 鉴于本合同所列的支付条款，许可方授予被许可方授权专利的专用权和许可权，用以在本协议规定的期限和区域内、且只能在合同规定的应用领域内制造或委托制造、使用、销售、要约出售和进口许可产品，该权利不包括分许可权。在此所述的许可权只能根据第十八节中规定的条款（即转让条款）进行转让。

授权条款可以包含很多方面，但其至少应该包括授权性质（如排他性、非排他性或共有权）及其期限（如协议期）、被许可人如何使用授权专利（如制造、使用、销售、许诺销售以及进口）、允许使用的范围（如在规定区域以及规定的应用领域内）等。在草拟授权许可协议时提高精确度，能避免将来产生分歧及诉讼。

例如，要考虑是否包含了默示许可（Implied Licenses）。授权"使用"和"销售"则暗含"使用"的权利，然而授权"制造"和"使用"则并不意味着"销售"的权利，或许许可方意图自己保留经销的权利。如果没有其他特许源，授权"使用"可能暗含"制造"的权利。进口权从来不会暗指，其必须在许可范围内明确说明。另外也要考虑许可是否是排他性许可，许可方是否自己想保留任何权利。如果许可条款中完全没有提及，法院将会把其理解成为非排他性许可授权。

另外还需注意，"委托制造"的授权通常会被理解为由第三方来制造许可产品的权利。❶ 然而，这样的授权可能会产生默示许可，使第三方制造商免于侵权的指控。在这种情况下，把合同做得尽可能详细永远不失为一个更好的办法。如果被许可方有使用第三方来制造"许可产品"的意向，那么就要在合同中明确阐明这种行为只能单独唯一地为被许可方所用。默示许可不在本文的讨论范围之内，但需对其是如何产生的以及它对客户权利的影响有一个清晰的认识，不论客户是许可方还是被许可方，这都将对避免将来的分歧以及非意图后果大有裨益。

授权许可协议还应对被许可方进行分许可的权利有明确的规定。如果授予分许可权利，则应有精确描述。进行"制造"的排他性占有权可能暗含授予分许可的权利。如果授权许可为排他性许可且协议并丝毫没有提及分许可，法庭会认为其暗含了对分许可的授权。相反，非排他性许可从来不会包括对分许可权利的授权许可，除非该权利在许可条款中有明确的分许可规定。❷ 因此，不论授权是排他性授权、非排他性授权，还是双方共有，关键还是要对分许可的权利进行明确地说明，这样可以避免分歧、疑惑或意外结果的出现。

当处理分许可权利时，应考虑如下问题：

1. 许可方是否会从被许可方从分许可获得的报酬中按份额分享部

---

❶　关于"委托制造"权利的讨论，参见 Michael P. Bregenzer. "Have Made" Rights——A Trap for the Unwary, 10INTELL. PROP. TODAY 13（2003）.

❷　Ozyagcilar v. Davis, 701F. 2d 306（4th Cir. 1983）.

分收益？

2. 是否应该对分许可权利进行限制，以避免分许可方再次对分许可的权利进行授权？

3. 在协议终止后，分许可权利随之终止还是继续？

4. 在被许可方违约的情况下，特许权使用费是否可以由分许可方直接支付给许可方？

5. 许可方是否应该对所有的分许可权利要求核准权？

最后，如果双方就由许可方提供给被许可方的专有技术或技术援助达成一致，一定要确保把对专有技术的使用授权和专利权的使用授权分离开来。被许可方很有可能希望专有技术的许可永久有效，即除了根据许可协议中支付的费用之外，对使用权无需再支付其他费用，或者至少在某一节点将费用全额付清。换言之，假如许可协议提前终止或按照规定期限到期，被许可方希望获得继续使用专有技术的权利，因为经历过了一定时间专有技术极有可能已经和被许可方的制造流程融为一体，很难把它分离出来或"归还给"许可方。

在协商专有技术的权利许可时，也要考虑是否应该把"终止"和"到期"来区别对待。是否只要在支付完所有的付款之后专有技术的许可权便应永久有效？在协议提前终止之后被许可方是否应该为专有技术的使用支付额外的费用？预先准备这些问题会给许可方增加一些额外的谈判砝码，使他们在协商的早期阶段不会给出太多的让步。

## 对　价

许可方对于许可授权收到的货币补偿、以及被许可方将为使用许可技术支付多少费用经常会成为许可协议的核心部分。最常用的对价❶

---

❶　对价（consideration）是英美合同法中的重要概念，其内涵是一方为换取另一方做某事的承诺而向另一方支付的金钱代价或得到该种承诺的承诺。对价从法律上看是一种等价有偿的允诺关系，而从经济学的角度说，对价就是利益冲突的双方处于各自利益最优状况的要约而又互不被对方接受时，通过两个或两个以上平等主体之间的妥协关系来解决这一冲突。换句话说，在两个以上平等主体之间由于经济利益调整导致法律关系冲突时，矛盾各方所作出的让步。这种让步也可以理解为是由于双方从强调自身利益出发而给对方造成的损失的一种补偿。——译者注

方式包括签约预付款、特许权使用费以及两者的结合。然而，对价的支付通常会产生很多问题：

> 基于下文授权的许可，在本协议签署执行之时，被许可方应向许可方支付总额100万美元，该款项不可退还。另外，在本协议执行期限内被许可方应按照许可产品的净销售额的2%向许可方支付费用。

我们拿特许权使用费的一个典型结构来作为一个例子。特许权使用费是基于销售额的比例、生产的每一单位，还是两者的结合？是仅仅基于特许产品，还是某一特定类型的所有产品？随着销售额的增加，费率是应该减少还是提高？例如，在被许可方在市场上取得立足点之前首笔特许权使用费是否应该维持较低水平，之后根据协议的期限进行减少以作为对该技术贬值的反应？或者如果销售额较低是否需要支付较高的特许权使用费？特许权使用费将基于销售总额还是基于净收入以及那些付款条件在实际中对当事各方意味着什么？

如果特许权使用费是根据净销售额来收取，这也是一种典型做法，那么如何对"净销售额"来进行界定？换言之，什么可以算作净销售额？对自身子公司的销售会计入净销售额吗？子公司的销售又将如何计算？销售给许可方的也需要计入吗？销售给分许可方或由分许可方进行销售的情况又如何处理？许可方需要对这些问题进行仔细斟酌考虑，因为有时被许可方可能会以很少的许可费率把特许权分许可给另外一家公司，作为回报其获得分许可公司的部分股份，而这些环节都有可能不被许可方知悉。有些项目费用是否应该排除在净销售额之外，比如运输费用、关税、税收、保险费用等？对回报收益是否有一定的折让？任何样品、促销单元以及慈善捐赠是否也应排除在外？

当使用净销售额作为使用金计算基准时，你还需考虑收入额的确认问题。许可方希望加快特许权使用费的支付，而被许可方则希望尽可能长地延缓收入确认及可能带来的风险。使用"许可产品出售之日"作为计收特许权使用费的时间起点在将来可能会产生分歧，因为"出售"在本质上讲是一个模糊的概念。因此,需要对"出售"进行更明确的界定。对许可方有利的定义是,"出售行为应以(i)对产品开具发票;(ii)产品发货之日;或(iii)产品货款收到之日,三者当中的先发生日期为准"。特许权使用费以收到许可产品的货款之日起算是对被许可方有利的条款,可以对上述条款做一下改动,删掉"先发生",改以"后发生"来取代。

被许可方可以对特许权使用费的支付协商争取一个"上限"。换言之,在支付了一定量的对价之后,特许权使用费的支付义务便会终止,许可变为永久有效。上限是一个固定额度,其可以每年协商,也可以根据协议的整个有效期计算得出。从被许可方的角度来看,对特许权使用费的支付设定一个上限具有一定的吸引力,因为它设立了一个更为固定的商业模式。被许可方将会精确地知道其需支付的数额,不论是按年支付还是整体支付。相反,上限模式对许可方则没有太大的吸引力,因为这种结构模式阻止许可方从此交易的上涨潜力中分享收益的权利,剥夺了其对超出对该技术最初投资的部分收取特许权使用费的权利。

和"上限"相对的是"最低保证金"。许可方可能不大喜欢设定上限,因为其限制了上涨潜力收益。同样地,在排他性许可中许可方可以通过协商争取获得一个"最低保证金",因为这样可以限制下跌的风险。

如上所述,对一家医疗科技初创公司来说,一次性全额领取特许权使用费是一个合意方案,这样可以为研发或其他技术和产品的临床试验提供资金支持。在这种情况下,许可方可以通过协商争取不可退款的一次性总付费用作为初始许可费。从被许可方的角度看,一次性总付费用更像是一笔"预付款"或"贷款",应由将来的特许权使用费来抵消。另外,一次性总付费用是否是用作对专有技术转让的交换?如果被许可方无法成功地对许可产品进行开发或销售而导致许可终止,那么一次性整体费用是否可以退款?假如许可技术变得过时、导致许可产品的销售异常困难,那么当事双方的立场或视角是否会发生改变?

许可协议中涉及对价的条款一般由律师进行协商和起草,由会计进行解释执行。一份含混不清、存有歧义或起草质量很差的特许费用条款对双方均无益处。对被许可方来说，它会给其商业运营带来沉重负担，给会计核算、跟踪、报告等要求增加繁重的额外工作。对许可方来说，它会带来无数的审计工作，并有可能成为产生诉讼的因素。

# 改　　进

在协议的有效期限内，如若许可方发现、开发、发明或获得任何改进，其应立即将所有改进以书面形式披露给被许可方。

就其性质而言，医疗技术一直处于不断改进的过程之中。如果在某一明确的应用领域内该许可是排他性许可，许可方自然也一直会对该技术进行使用和开发。因此许可方和被许可方都有可能对该技术或产品有所改进。如果该许可技术是一项可应用于世界上任何地方的所有应用领域的排他性许可，那么许可方不大可能开发出可改进之处。如果是被许可方开发出改进方案，那么其也不应该在许可方的商业关注范围之内。第三种情况涉及技术转让，当事双方协同合作共同改进技术，就有可能出现共同所有权的情形。

对于什么是改进、什么不算是改进需要有明确的界定。改进是在许可协议实施之后任何一方对许可产品进行的修正或加强。暂且不论哪一方作出了改进，问题在于这些改进是否会被当事各方分享。当许可技术涉及软件时，改进条款更是尤为重要，因为毫无疑问那将是一个新品或新的版本。因此，被许可方期望得到获取改进的权利，否则和许可方或第三方即后来的被许可方相比自己将有处于竞争劣势的风险。

在获取改进权利谈判过程中，一个问题便是如何界定这些改进——即这些改进在什么情况下是新的技术进步，又在何种情况下只是一个修正？这再一次要求许可律师要精确地起草合同。判定医疗器械改进的一个方法是对"形状、大小以及功能的改变"，这需要美国食品和药物管理局的额外批准或准许。另一个判定方法是，该改进"并未被授权专利的任何权利要求所涵盖"，但是却在技术或产品市场的期许范围之内。在这种情况下，该改进可能要求追加一次性总付费用、增加特许权使用费率或者一个单独的特许权适用费率。针对改进如果已没有可能对支付款项进行谈判，则要考虑优先谈判权（Right of First Negotiation）或者优先购买权（Right of First Refusal）。

还要注意的是，改进条款可能会被将来的并购方查看，这会影响对目标许可方或被许可方的评估，因为其已经放弃了该技术将来的权利。被收购目标不仅仅放弃了对并购方来说可能是至关重要的技术的将来的权利，而且还有可能使并购方承担改进的义务并将这些改进传达给许可方或被许可方。当然这要视具体情况而定，要取决于交易的架构模式。

如前所述，并购的大门可能不会就此关上，假如收购活动中止，它可能也有一个非常大的折扣。然而，有很多方法可以降低估值的风险。例如，将改进更新的转让义务阶段性地限定在协议实施后的某一时间段内。另一个策略就是在针对许可方或被许可方的并购发生时，转让改进的义务便会终止。另外还有一种策略就是，当并购方并不是许可方或被许可方的竞争对手时，这种对改进的转让义务可以继续维持。然而，上述行为也应该让反垄断律师审核一下，确保在一方或另一方具备相当大的市场实力的情形下这种行为不会触犯反垄断法。

关于改进的另一个问题就是改进是否为双方共同联合开发。如果是这种情况，该交易就要引入更为复杂的另一层次的关系，这将会对涉及特许权使用费的支付、所有权、终止、执行、转让等一系列条款带来影响。因此，任何联合开发的改进的所有权是否应该以契约形式分配给其中一方并许可给另一方，这需要仔细斟酌。我向读者推荐一篇有关共同所有权的精彩文章，由加里·摩尔（Gary Moore）所写，这篇文章为我们提供了在许可大背景下的许多发人深思的问题。❶

## 被许可方最惠条款

这些条款一般会在非排他性许可的背景下出现，被许可方不希望

---

❶ Gary H. Moore, Joint Ownership of Intellectual Property Issues and Approaches in Strategic Alliances, 4 INTERNET LAW & BUS. 749 (2003).

自己被置于一个相对于其他非排他性许可方在市场上处于竞争劣势的地位。这些条款在排他性许可协议中比较少见，因为很容易区别不同的应用领域以及其要求的不同的专利权使用费。

> 在协议有效期限内，如果许可方授予任何第三方的特许权使用费低于在此协议中授予的数额，许可方应立即将此更优惠的使用费率通知被许可方，本协议中特许权使用费应自动更改为更优惠的适用费率，并从授予之日起执行。

没有哪一条法律规则规定许可方必须为其所有的被许可方提供同样的特许权使用费。如果双方就许可协议中的此项条款进行协商，他们需要考虑该条款是否具备追溯效力或仅仅是前溯效力。许可方可能会倾向于不加入被许可方最惠条款，尤其在预期被许可方数量有限的情况下，许可方通常不愿意退换任何业已收取的特许权使用费。另外，如果许可方授予了一项更为优惠的特许权使用费，被许可方则希望能从许可方处获得通知，对适用费率的变化进行提醒。

从许可方的角度来看，只有在两份协议中的"经济条款"实质上相同的情况下才能加入被许可方最惠条款。这样许可方就可以对协议中的所有经济条款进行评估，而不仅仅是特许权使用费。例如，"最大商业化"条款下的最低保证使用费、一次付清使用费以及市场销售保证支出费用都可以考虑为在"实质相当经济条款"下的被许可方最惠条款。而被许可方应留心一些诸如公司股权等非现金出资因素，这样被许可方最惠条款很有可能从来不会被启用。

## 第三方侵权、诉讼主体以及诉讼过程控制

**许可方提起诉讼**。关于许可之权利，当许可方或被许可方注意到或获悉在应用领域内的许可之权利已经或即将遭受第三方的侵权，此种情况下，许可方或被许可方应就知悉的任何侵权或即将发生的侵权以书面形式告知另一方。许可方有优先采取行动的权利来阻止侵权行为，但并不是必须义务，或者其也可以执行被许可方的权利，而被许

可方则应在任何行动上都给予配合，费用由许可方承担。如果许可方决定被许可方适合、且有必要加入到诉讼或诉讼程序中，被许可方则应该加入，执行所有文件并履行合理要求的其他工作行为。如果许可方发起诉讼，其在选择律师、引导并控制诉讼过程或决定任何解决方案（受控于本款倒数第二个句子）方面拥有自行决定权，对于在本诉讼或解决方案中获取的任何款项，许可方应该享有优先补偿自己的权利，以涵盖自己诉讼起诉过程中一切必要的成本和开支，包含合理的律师费用。剩余的补偿金应该根据给许可方和被许可方造成的损失按比例支付给各方。在任何上述行为中，被许可方有权通过自己选择的律师进行非控制性参与，费用自行承担。

**由被许可方发起诉讼**。在许可方收到被许可方通知 90 日内、许可方没有采取任何行动来阻止侵权行为的情况下，被许可方有权以自己的名义开始提请诉讼来阻止侵权行为，费用自行承担。被许可方有权联合许可方作为原告方，而许可方应该参与到诉讼中。许可方应该执行所有文件，并采取诉讼或诉讼程序中包括提供证据在内的其他所有合理要求，费用由被许可方承担。本条款下被许可方发起的所有行动，被许可方在选择雇用律师、引导并控制诉讼进程以及达成任何可能的解决方案（受倒数第二句支配）方面拥有自行决定权，对于在本诉讼或解决方案中获取的任何款项，被许可方应该享有优先补偿自己的权利，以涵盖自己诉讼起诉过程中一切必要的成本和开支，包含合理的律师费用，剩余的补偿金应该根据给许可方和被许可方造成的损失按比例支付给各方。在任何上述行为中，许可方有权通过自己选择的律师进行非控制性参与，费用自行承担。

从法律角度看，非排他性许可传达的是使用专利技术、并免受侵权的权利，别无他物。在非排他性许可中由哪一方来掌控后来的专利诉讼通常不会有什么问题。很简单，执行和控制专利诉讼的权利从来不会授予或委派给非排他性许可中的被许可方身上。然而，在排他性许可——甚至是在已经限定了某一特定应用领域的排他性许可——在相关应用领域内究竟哪一方拥有履行专利权的权利一直是为人们所热烈讨论的话题。

专利法规定，"专利权所有人对侵犯自己专利的行为应通过民事诉讼获取赔偿。"❶ 这意味着专利权所有人可以将提请诉讼的权利委托给排他性被许可方，但是排他性被许可方一直会希望有联合许可方/专利权所有人的权利，尤其在排他性被许可方的权利只限定于某一特定领域时，这几乎是一种必行之路。在排他性许可为"所有权利"的许可时，有争议说这是一种形式和内容的关系，获得排他性许可的被许可方又提起诉讼的权利。

但是为何又要冒这个风险呢？我认为最好的做法就是在协议中加入一条，即获得排他性许可的被许可方有权联合许可方/专利权所有人，而许可方/专利权所有人在被许可方的要求下"应该加入"进来。事情的另一方面又会是什么呢？许可方有权利联合被许可方吗？在任何专利侵权诉讼案中，许可方必须证明自己遭受的损失，而这必须通过被许可方的销售损失以及受损的特许权使用费资金流来证明。毫无争议，许可费需要被许可方的合作来完成这个证明。再次阐述一遍，我认为最好的方式就是在协议中加入一条，如果许可方认为让被许可方加入是合理并合适的话，那么被许可方则有加入的责任和义务。在理论上，被许可方不应提出反对，因为其在市场的地位由于侵权已经不是独家专有了。许可方可能还要加入一则条款，被许可方参与诉讼的费用将由许可方来承担。

另外一个需要注意的问题是，一个诉讼中对专利范围（claim construction）的解释可能会对不同应用领域的其他排他性被许可方造成影响，这个问题的解决有利于许可方在任何情况下保持对特许权的执行权。因此，如果执行权给予某一特定被许可方并应用于某一确定领域，这样的被许可方对究竟有多少其他被许可方以及有何其他应用领域将受影响并不会有一个整体的感知，在诉讼达成和解的情况下尤为如此。许可方有使其他被许可方的权利免受影响的责任和义务。

假如许可方放弃授予任何一家排他性被许可方的执行权，此行为自然而然地构成对另外排他性被许可方的违约。如果许可方是一家早

---

❶ 35 U. S. C. § 281（2010）.

期创业公司而被许可方是一家成熟的大型企业，被许可方则会担心许可方是否有充足的资金和手段提请诉讼。为了解决此问题，在协商阶段我一般会先说明，假如确实存在诉讼的可能，有很多律所会采用胜诉酬金的方式来承接案件。另外我总是给予被许可方"第二次"的机会来行使执行权。换言之，许可方具有提起诉讼的优先权，但并不是强制义务，这就给予许可方对诉讼以及对己方胜诉或败诉的几率进行评估的机会。如果将来没有一笔可观的损害赔偿，或者侵权将会是一件很难处理的案件，许可方可能倾向于不提请诉讼，执行的权利就转向了被许可方。

另外，要考虑是否应该为侵权行为设定一个市场金额临界值并写入协议，超过该标准的视为侵权行为，以此降低一些无关紧要的侵权带来的影响。在执行诉讼案件的过程中应该考虑的一些其他因素包括：

（1）损害赔偿如何分配？

（2）特殊损害赔偿是否也用同样的方式分配？

（3）哪一方具备进行和解谈判的权利，和解方案需要另一方的批准吗？如果和解协议允许侵权方继续使用，那么特许权使用费应归属于哪一方？是否应该属于许可方，因为是他的专利受到侵权？或者侵权方成为下一级的被许可方，特许权使用费归属于被许可方，而许可方也可以分享部分收益？

关于执行权的一个更为复杂的问题就是对双方"共同开发"的改进的侵权，这种情况下的特许权归双方共同拥有。因此，你应该避免诸如由哪一方行使执行权的合约规定。某一条款不能放之四海皆适用，但我一直相信把所有权分配给某一方而另一方则变为排他性或独家被许可方，这种方式能解决可能产生的很多问题，其中就包括执行权的问题。然而根据我的经验，双方都想成为所有方，没有人愿意做独家被许可方。对两种情形的利弊充分了解并有所准备，提出一个能解决双方需求的行动方案将会有效促进许可协议的谈判过程。

## 陈述、保证和赔偿

许可方将保障并赔偿被许可方由于以下原因给被许可方造成的实

际开支、损害、成本和责任：（1）根据第14.3节许可方任何不准确的陈述或对保证条款的违约；（2）被许可方对许可产品的生产或使用，或对许可产品的恰当的生产、使用或销售，或被许可方对许可专利的使用；包含任何对财产损害、人身伤害或针对被许可方的专利侵权而提起的诉讼，以及任何产生于或和上述事项有关的原因。

陈述、保证和赔偿可以说是环环递进的关系，因为协议通常会规定，当一方违反其陈述或保证时，其应对另一方进行赔偿。这类的条款看上去缺乏"吸引力"，人们经常会忽略此部分，并认为其只是烦琐的标准合同语言。然而，赔偿条款通常会给提供赔偿的一方增加财务负担，所以这部分还是应该小心仔细对待，以制定相对平衡而范围又得到限制的陈述。

一方赔偿另一方的行为同时还具备另一种效果，那就是把第三方索赔的风险也转移到另一方，这是基于最有能力提供保护、预防潜在风险的一方理应对由此以后产生的所有损失负责。在许可背景下，赔偿通常是围绕着侵权。如果有第三方声称被许可方的许可技术侵犯了自己的知识产权并提出索赔，被许可方自然会寻求获得保护。如果产品的具体实施例已经获得许可，那么许可方应该给被许可方以合理、公平的补偿。然而，如果许可产品还没开发出来或者产品的开发已经超越了当初双方期望的范围，被许可方是否还应该得到补偿呢？在这种情况下，对被许可方来说，避免侵权可能使自己处于最有利的位置，如果侵犯了第三方权利，不对被许可方进行赔偿似乎更公平一些。

但是，考虑到许可方和被许可方各自的议价能力，可能会给予一定的补偿。如果这样，那它也只能局限于最终判定被许可方只是字面侵权（literal infringement）；也只适用于在许可协议生效之日或之前授权的许可专利；不适用于许可产品与其他任何形式的产品、组件或流程等结合使用而产生的侵权；且仅当许可产品在第三方给予任何形式的通知之前已经出售的情况下适用。

如果第三方发出侵权通知，也可以通过要求被许可方停止生产、销售、和/或使用产品的方式来对赔偿进行限制。许可方也可以通过获取许可从而使被许可方能够继续销售许可产品。还可以要求受补偿方在意识到索赔的某一具体期限内给补偿方发出索赔通知，而在受补偿方在发出通知日期之前的所有行为将不从属于补偿范围，通过这种方式赔偿可以得到进一步地限制。

## 专利申请、申请过程和专利维持

根据第 6.5 节中规定，许可方拥有进行专利申请的绝对权利，并使专利维持在"许可专利"的定义范围内。

许可方将把许可专利向适用的审查机关进行申请的过程及时告知被许可方，在收到信函和官方审查意见书之后 10 日内，将其复制件提供给被许可方，并给予被许可方进行评论的合理的机会。假使被许可方的评论意见能成为推动相关应用领域的任何权利要求的有力证据，许可方则应在对官方审查意见书中的答辩书中加入这些内容；如果在法律规定的答复时间内被许可方没有向许可方提供任何评论意见，许可方则可以针对官方意见提交答辩书，以免产生延期费用。

如果许可方最终决定放弃归属于许可专利范围的专利申请或停止支付归属于许可专利范围的专利维持所需费用，许可方应在放弃之前至少提前 30 日告知被许可方，以让被许可方自行决定是否维持专利或者是否自付费用继续进行专利申请过程。

许可方通常希望维持对许可专利申请过程的控制权。对早期创业公司来说，放弃控制权并让渡给一家规模更大、财务实力更强的公司，以节省申请相关费用，这种做法颇具诱惑力。对大公司来说，对申请过程的控制权一直是他们所希望得到的，尤其是在他们担心初创公司并不具备积极推动许可专利申请进程的资金实力的情况下，更希望如此。❶ 这种困境的解决之道就是在申请过程中给予被许可方一定的监督权，诸如接受所有来往信函、允许被许可方在针对官方审查意见书提

---

❶ 被许可方可以采取两种立场：第一种，如果产品还在开发之中，被许可方可能不会对积极的申请策略感兴趣，特别是权利要求的准许会引发里程碑付款的生效的情况下；第二种，如果产品已经投放市场，被许可方可能会对更为积极的申请策略感兴趣。但是另外，假如在权利要求得到准许之前，其没有付款的义务和责任，被许可方可能会更倾向于"按部就班"的申请策略。

交的答辩书提供自己的评论意见。如果许可方决定放弃某一特定许可专利申请，被许可方可以协商争取继续专利申请或专利维持的权利。许可方律师需要熟练掌握几个问题。

针对许可协议包含的一件或多件专利已经授权的谈判比较少见。换言之，许可协议中的专利不是授权专利，而是专利申请。在这种情况下，被许可方可能会拒绝支付特许权使用费，直至申请得到授权。如果给予被许可方监督控制权，则需要对条款精雕细琢。因为本质上双方有不同的目标——许可方希望积极推动申请过程，被许可方则希望维持在一个正常的申请过程。例如，在上面的条款中，被许可方需在"法律规定的答复期限内"给出自己的意见，在申请过程中这个时间期限是自审查意见书发布之日起 3 个月之内。然而，需要考虑如果官方审查意见书即为最终判决会发生什么？如果许可方在不到 2 个月的期限内提交了答辩书视为违约吗？如果许可方将提议的答辩书提供给被许可方并附通知说明如果没有评论意见其将在 2 个月的期限内提交答辩书，这种行为违约吗？如果申请方在没有通知被许可方的情况下而与审查员进行了会面，会被视为违约吗？——毕竟，条款只规定了"信函"而并没有限制口头交流的情况。而且，上述条款是否规定了许可方需把对官方审查意见书的答辩书的复制件提供给被许可方的责任？句子含义有些模糊不清，但在"信函"和"审查机关"之后加一个逗号，另外在"信函"前面再额外加入"所有"一词，能够清晰地表明针对审查意见的答辩书的范围：

> 许可方将把许可专利向适用的审查机关进行申请的过程及时告知被许可方，在收到之后 10 日内，将所有信函和官方审查意见书的复制件提供给被许可方，并给予被许可方进行评论的合理的机会。

如果许可协议中规定被许可方从收到提议的答辩书起将有 10 日的时间来提出自己的意见，这或许是一个更好的方法。如果给予被许可方参与与审查员会面的权利，同样需要对此权利进行明确的说明。被许可方是积极地参与会面，还是在会面中只能听而没有发出意见的权利？还需记住的是专利律师将参与与审查员的会面，他们的争论点以及审查员的观点立场不会在申请历史记录上有详细的陈述。最后将由审查员或申请方生成一份总结概要。因此如果允许被许可方参与到会面中，只可能为其针对即将授权专利之权利要求提供规避设计的路线图，这显然偏离了当初许可的需要。

给予被许可方监督权会给许可方施加某种责任，使其必须提前考虑答辩书的时间限制以及申请过程中的种种细节。

另外，考虑到国外申请，美国律师可能几个月也不会从国外合伙人那里收到官方审查意见。因此，"自收到之日起 10 日"的期限有必要进一步修改为"由公司或公司代表收到之日起 10 日"。我还认为 10 日的期限非常具备挑战性，建议把 10 日期限调整为"15 个工作日"。

给予被许可方对申请过程的监督权有时会给管理带来很大负担，对专利申请的审查以及权利要求的准许，美国专利商标局经常会有严重的延迟。了解现有的、可以让许可方/申请方促进申请及参与快速通道等有关的不同流程，可以为草拟上述专利申请相关条款提供信息帮助。

在草拟许可协议时，还应注意美国专利商标局的滞后问题。正如前面所讨论的，很多被许可方对处于申请流程中专利包含的许可产品不愿意支付专利权使用费。从战略性的角度看，有人可能会争论收取特许权使用费是合适的，因为协议中的技术已经转移了。在这种情况下，许可协议可以草拟为专有技术的使用费以及专利产品的使用费两部分。

# 转    让

如没有另一方的书面同意，任何一方均不可对本协议中规定的责任和义务进行转让，转让给本协议当事一方的子公司或其业务的全部或实质上全部利益的继承方的情况除外。

如没有许可方的事先书面同意，被许可方不得转让本协议规定的权利。基于此目的，控制被许可方 50% 或更多比例的股权或投票利益的个人或实体发生变化则会被视为被许可方权利的转让。在本协议下许可方可以转让其权利。本协议系为各方及其各自的继承人和认可受让人的利益而签署，并应对其具有约束力。

有两种基本类型的转让条款：双方具备相似义务和责任的转让条款（比如第一个例子），以及对许可方和被许可方分配不同转让义务的转让条款（比如第二个例子）。然而转让条款通常会被认为是合同中的"样板条款"，人们几乎都不会去考虑本条款的细节。但在我看来，转让条款需要大量仔细的思考，这样才能满足客户特定的义务需求。让我们来看几个例子。

转让条款中最常见的方式就是在转让之前须征得另一方的同意。如果这个要求是许可方提出的，人们几乎都会认为这是一个合理的要求，因为这是许可方的知识产权。如果许可方要求的同意被修饰为"这种同意不应被无理由地拒绝或延误"又将会怎样呢？在什么情况下拒绝同意是合理的？如果转让牵涉许可方的竞争对手，那么拒绝同意是否就算合理？如果拒绝同意，是否某种程度上和反垄断法有冲突，是否会被视为反竞争？因为牵涉不确定性，这类条款通常会导致诉讼，因此应该避免使用。一个更好的方法就是做一个简单的陈述，说明表示同意的权利完全是被要求的一方"自行决定"的。另外一个合适的方法就是允许转让给"本协议中的一方的子公司或其业务的全部或实质上全部利益继承方"，在专利转让方的商业目的是实现公司的资金流动性的情况下尤其如此。

要求获得同意的另外一个问题是，征求获取对方同意将有可能冻结或延缓对其中一方的并购。在如今紧缩的融资市场上，一种流行的回收策略就是由一些成熟的大型公司（"潜在买家"）收购拥有丰富技术的创业公司（"目标"）。如果潜在买家是被征求同意的一方的竞争对手且是否同意的决策"由其自行决定"，甚至在尽职调查得出结论之前，此项并购就有可能已经胎死腹中了。如果协议中还规定许可协议中的条款对被征求同意的一方来说为"机密信息"，上述问题则被进一步恶化。在这种情况下，还可以允许潜在买家进行尽职调查吗？这两则条款的结合严重影响对并购目标的评估，甚至永远不可能达成交易。

对目标公司的并购可以有很多方式，包括"正向三角并购"和"反向三角并购"❶❷。在反向三角并购中，潜在买家组建一家并购子公司并入到目标公司中。因此，目标公司还是一家继续存在的实体，并且没有转让协议中的"转让"行为。对这种行为没有规定的转让条款可能会导致不想要的结果——允许许可方的知识产权落入竞争对手的手中。上面的第一个转让条款中规定，"基于此目的，控制被许可方50%或更多比例的股权或投票利益的个人或实体发生变化则会被视为被许可方权利的转让"，目的就是控制反向三角并购的情形。

# 结　　论

不论你是代表许可方还是被许可方，最终目标都是为你的客户达成最佳交易。然而，"最佳交易"并不意味着一方是赢家，另一方是输家。许多许可协议都是直截了当，而其他一些许可协议则有诸多复杂性。但所有的许可协议都有共同之处，那就是需要许可相关的专业人士对一则特殊条款可能给客户带来有利或不利影响的诸多不同方式以及对许可交易内在的相关权衡取舍进行密切关注。在许可协议谈判过程中注重细节、起草许可协议要尽量精确，这两条对于许可的成功至关总要，再怎么强调也不为过。

通过许可达到双赢的局面会有可能吗？遗憾的是，基于这样那样的原因很多许可协议在到期之前就都终止了。然而，如果对双方来说

---

❶　下面所列文章针对公司法对许可方以及被许可方的影响有着非常精彩的总结陈述：《知识产权会在并购中生存吗？》，作者：乔恩·戴特曼，麦克·斯坦茨菲尔德，15J. PROPRIETARY RTS. 9（2003）.

❷　在正向三角并购中，目标公司并入收购方的子公司，并且其股东获得该收购方母公司的股权、现金、债权、财产或上述若干项的组合。在这种情况下，目标公司的全部业务，不论资产或是负债，均被转移至收购方的全资子公司中，而该子公司往往是新成立的。正向三角并购这种方式使目标公司的法人资格消失。与之相反，在反向三角并购中，收购方的子公司并入目标公司，收购方子公司的股份转换成为目标公司的股份，目标公司继而成为存续实体。此时目标公司的法人资格得以保留。——译者注

建立一种长期关系对双方业务的成功都至为关键，双赢的局面不仅仅是许可协商可能达成的结果，而是许可方和被许可应该努力争取的唯一结果。如果你参与谈判，出发点不是为了从中获取什么，而是能为其做些什么，我相信这不会消弱你的地位，而一个双赢的许可交易便可达成。双赢交易的关键是要理解其中的"赢"的定义对于许可方和被许可方来说总是不同的。

## 要　点

● 采用分析方法为客户建立许可策略。通过对专利前景深入透彻的分析以及对客户的业务、专利组合和未来战略方向的熟练把握，许多潜在的许可机会可能会显露出来。

● 要记住关于交易及其所涉知识产权的价值，不论你是代表许可方，还是被许可方，你能透彻地了解的东西越多，你能成功地、精确地理解你的客户所期望达成的目标的可能性就越大。

● 先对公司现有知识产权资产进行一次内部审计，确定现有的专利、专利申请、商标、版权、商业秘密和专有技术，识别其未能涵盖的并通过许可将会产生一种战略优势的技术缺口和区域。

● 进行详细的专利前景搜索和竞争性评估，为公司对其自身技术进行评估以及对所拥有的具有竞争性技术的重要性进行有根据性的评估提供一个基准。

● 在和审查员会面时保持积极主动，以获取同意和准许。假如公司想建立一套完善的许可策略，尝试一下快速通道流程则是不二之选。

● 要对一则特殊条款可能给客户带来有利或不利影响的诸多不同方式以及对许可交易内在的相关权衡取舍进行密切关注。在许可协议谈判过程中注重细节、起草许可协议要尽量精确，这两条对于许可的成功至关重要。

## 作者简介

芭芭拉·瑞格利，奥本海默、沃尔夫及唐纳利律师事务所（Oppenheimer Wolff & Donnelly LLP）合伙人，医疗科技业务组的的联合组长，是一位有着超过 23 年经验的知识产权律师，主要业务范围集中于医疗科技的知识产权管理实施产权策略。瑞格利女士能提供一系列的咨询服务，包括：战略性专利申请、出具有效和侵权性意见、专利组合管理以及诉讼策略。她能帮助客户开发制定满足其商业发展目标的策略，包括在全新的技术领域组建专利组合、制定包含专利远景和并购因素的专利定位以及技术的许可策略。她对 2011 年的《美国专利改革法案》有着深刻的见解，包括授权后重审（Post - grant Review）、多方重审（Inter Partes Review）以及补充审查（Supplemental Examination）。

瑞格利女士曾为成百上千的法学院学生以及知识产权律师授课。她还是《在信息时代进行知识产权许可》（卡罗来纳学术出版社，2 版，2005）一书的合著者，迄今为止就许可技术发表的文章不计其数。她还是经过认证的调解员，主要集中于专利事务以及许可分歧的调解。

# 制定公平清晰的专利许可条款避免未来的诉讼

乔恩·海兰德
（蒙奇、哈特、科普夫及哈尔律师事务所，股东）

- ➤ 引言
- ➤ 有关专利许可的最新案例
- ➤ 许可协议的重要因素
- ➤ 客户针对许可的普遍误解
- ➤ 在制订许可协议的过程中为客户提供支持
- ➤ 结论
- ➤ 要点
- ➤ 作者简介

# 引　言

我参与过很多不同类型的许可协议谈判，但作为一名专利诉讼律师，在职业生涯中我主要从事的还是专利许可谈判。通常，当客户受到了诉讼威胁或已经提起了诉讼时，我会帮助客户进行专利许可谈判。谈判时，我的客户和对方的关系通常会高度紧张。我工作的另一部分内容是进行商标商业化许可协议的谈判，此类谈判双方的利益更具趋同性，相对而言，双方关系就没有那么强的对抗性。

根据我的经验，在许可谈判中无论我代表哪一方，很多问题都具有共同之处。然而，按照所许可的知识产权的类型和合同双方的关系，有些问题是截然不同的。本文会阐述我在进行各种知识产权许可谈判过程中所收获的体会和想法。

## 有关专利许可的最新案例

每年都会产生很多影响专利许可的案件。在我看来，对我的实践和专利许可战略最具影响力的案例应该是和专利权穷竭（IP exhaustion）有关的案例。过去通常的做法是专利权所有人将专利权授予给产品供应链中的一个实体，却保留了起诉其他下游实体侵权的权利。比如说，一个专利权所有人也许会授予微处理器制造商生产微处理器并向电脑制造商销售的权利，却保留了起诉电脑制造商侵权的权利。美国联邦最高法院就广达电脑公司（Quanta Computer，Inc.，下称"广达电脑公司"）诉 LG 电子公司（LG Electronics，Inc.，下称"LGE"）专利侵权纠纷案作出判决，认定保留权利是无效力的，如果授权给产业链的一个实体，就应该授权给供应链中被许可方的下游实体。❶

这一原则被称为专利权穷竭原则，即专利权人对已经授权且无任何限制条件的许可产品不再具有支配权。美国联邦最高法院对广达电

---

❶ Quanta Computer Inc. v. LG Elecs. Inc. . 553 U. S. 617（2008）.

脑公司的判决后来又有了延伸，涵盖了 TransCore LP v. Electronic Transaction Consultants Corp❶ 案衍生的不起诉合约条款。在该案中，原告 TransCore 公司起诉竞争者 Mark IV 公司❷的若干项专利侵权。❸ 双方最终达成和解，Mark IV 公司同意支付一笔费用，来换取 TransCore 公司无条件的不起诉合约。❹ 在合约中，对以后 Mark IV 公司对 TransCore 公司的专利侵权，TransCore 公司同意不再提起诉讼。❺ TransCore 公司还努力保留了起诉 Mark IV 公司客户的权利。协议特别说明"本次放开并不意味着对 Mark IV 公司或第三方有明确或默认的专利放开或许可"。❻ 联邦巡回法院认定 TransCore 公司对 Mark IV 公司的许可，已耗尽了 TransCore 公司对被告方的所有专利权。

知识产权所有者从这些案例得到的启示是，他们也许只有一次机会将授权许可提供给处于供应链某一部分的实体，在考虑许可费用的时候许可方要将此因素考虑在内。对潜在的被许可方来说，重要的一点是如果专利所有者授权了处于上游的供应链的实体，他们可能无须再获得知识产权的许可。

## 许可协议的重要因素

与所有的商业交易并无二致，许可协议最重要的一个因素就是费用问题。每个人都希望在获得专利许可的时候，尽可能少地支付费用。这在我从事专利诉讼的业务时尤其如此。当然，许可协议除了费用部分，还有其他更多的内容。比如，协议中的第一部分通常是定义部分（这也是第二重要的部分），好的定义是好的许可协议必不可少的部分。如果律师不拿出适当的时间为协议中的术语起草清晰的定义，尤其是

---

❶ TransCore LP v. Elec. Transaction Consultants Corp，563F. 3d 1271（Fed. Cir. 2009）.

❷ 该公司为 Electronic Transaction Consultants Corp 公司所销售产品的生产商。——译者注

❸ TransCore LP v. Elec. Transaction Consultants Corp，563F. 3d 1271（Fed. Cir. 2009），at 1.

❹ Id.

❺ Id.

❻ Id

对所许可的需要支付特许权使用费的产品和知识产权，未来很可能引起麻烦。如果许可协议所使用的术语不排除有多重解释，很可能在签署协议的若干年内，客户需要花费大量的金钱争论许可协议的条款条件，还有可能引起诉讼。

这一点在专利许可协议中表现得尤为明显。经常会有专利许可方抱怨被许可方没有支付产品的特许权使用费——而许可方坚信被许可方有支付这笔费用的责任和义务。清楚地定义什么产品需要支付特许权使用费、什么产品不需要，这对每一方都至关重要。对所许可的产品有质量较高的定义，日后很可能会为被许可方节省大量的时间和金钱。

在合同中明确地定义所授予的许可类型——并且要被许可方清晰地理解所授予的许可类型，这一点亦至关重要。在不同类型的许可协议中被许可方所获得的权利有很大差别。比如说，针对赋予被许可方的权利，排他性许可协议和非排他许可协议就有巨大的差别。排他许可的被许可方在所授权的区域内具有使用许可产品的排他专用权，甚至可以通过提请诉讼阻止他人使用所许可的知识产权。反之，一个简单的非排他许可只不过是许可方不对被许可方使用许可的知识产权进行诉讼的承诺罢了。清楚地定义所许可的区域同样重要，可以避免将来被许可方是否在许可范围之外的区域销售授权的产品所引起的纠纷。

另外一个可能出现的问题是子公司或附属公司的问题。如今，很多公司不再是庞大、整体的单一商业结构，而是由相互关联的子公司所组成的复杂的网络集合体。和大公司合作时，如果这家公司拥有子公司，许可协议要明确说明子公司是否在许可协议的受益范围之内。如果被许可方希望子公司同样受惠于知识产权许可，在许可协议中清楚地说明这一点也非常重要。

最后，许可方也许希望列入对报告、审计或会计等方面的要求。许可协议通常要求被许可方提前支付许可费用或者特许权使用费。重要的是，要在协议中明确说明费用的计算方式、费用的支付时间以及被许可方提交报告的方式。如果被许可方的成本保持合理，且审计不会给商业运营带来带来太大的困扰，许可方通常会坚持对被许可方的记录进行审计，这为许可方对被许可方的账务记录进行审计提供了合法权利。围绕被许可方是否支付协议规定下的所有特许权使用费所引起的争议并不鲜见，因此在合同中用文字具体说明解决上述争议的方式非常重要。

上述几个要素特征在版权、商标、专利许可协议中可谓非常普遍，但还有一些许可协议的因素根据许可协议的具体类型而异。比如说，专利被许可方通常会坚持在所有被许可的产品上标注专利号。这是因为如果被许可方没有在许可产品上标注专利号，许可方在打击侵权者时就会处于弱势。❶ 在商标许可协议中，拥有商标权的商标许可方通常会要求对被许可产品进行严格控制，包括要求在许可产品投放市场之前须获得被许可方批准的权利，以防被许可方销售的产品会削弱品牌价值。

## 客户针对许可的普遍误解

客户通常对"什么是许可"缺少清晰的认识。"许可"最基本的形式，其实只是许可方对被许可方的某些行为不进行起诉追究的承诺。❷ 比如说，移动电话制造商从声称拥有产品专利的一方获得许可，但许可方不一定给制造商销售电话的权利。其他实体也许会阻止许可方销售电话，因为其拥有涵盖电话的专利，或者有时政府的某些规定会禁止电话的销售。所有的基本许可都会提供一种保护，使其免于许可方针对许可产品提起的诉讼。专利许可方有时甚至会起诉被许可方侵犯了其拥有的但没有授权给被许可方的另外的专利。

客户还经常对商标所包含的范围存有误解。例如，一个常见的情况就是，有的客户相信通过获取一个商业名称的商标将阻止任何他人对这个商业名称的使用，但实际上并不是这样。商标的用途是阻止多个行业在商业中使用这个商标名称，以免引起混淆。拥有商标并不能

❶ 见35U. S. C. §287（a）（2012）.
❷ Western Elec. Co. v. Pacent Reproducer Corp.，42F. 2d 116（2d Cir. 1930）.

阻止另一方以任何方式对该标记的使用。

希望获得版权许可的客户经常也有类似的错误想法。比如说，很多时候人们并没有意识到，对受版权保护的作品进行正当合理地使用是可以存在、完全正常的，某些情形下人们使用受版权保护的作品仅仅是为了免于问责。

客户通常还对"不起诉合约"和"许可"之间的区别存有误解。多年来人们普遍认为，许可方的不起诉合约和其对许可的授权在很多方面是不同的。不过这种区别从未获得权威部门的强烈认可，近期联邦法院的判例法业已确认，在大部分情况下"不起诉承诺"等同于权利许可。❶

## 在制订许可协议的过程中为客户提供支持

我的律所可以进行各种许可协议的协商。我本人则在协商专利、商标、版权许可以及商业秘密协议方面积累了丰富的经验。拟定协议时，我主要通过两种方式来帮助客户。第一种方式是从头开始拟定一份全新协议，第二种方式则是对已存在的他方协议进行修订变更。主要依靠专利许可营生的企业或个人通常有许可协议的模板，模板的内容通常是可以协商变更的。

许可协议条款最终定稿之后，我的工作并没有结束。协议签署生效后，无论是许可方还是被许可方，都意味着更多的责任和义务。比如说，有些许可协议需要被许可方对被许可的知识产权的使用支付特许权使用费。当代表被许可方时，我的部分工作是要确保我的客户知道如何履行自己的义务。当代表许可方时，我的部分工作是帮助许可方来确保被许可方对许可协议涵盖的所有产品支付特许权使用费。许可协议通常还包含要求被许可方以某种方式对产品进行标识的内容，标识内容通常包括商标、专利号，或者加注"版权所有"或者"经许

---

❶ TransCore LP v. Electronic Transaction Consultants Corp. , 563F. 3d 1271（Fed. Cir. 2009），102.

可方准许使用"等字样。当我代表被许可方时，让客户理解在许可协议框架下的标识责任也是我的工作职责。当代表许可方时，我需要协助许可方确认被许可方对许可产品进行了适当的标注。

有时我也会卷入由许可协议所产生的分歧之中。合同一方有时会宣称另一方并没有履行许可协议中规定的义务。这就需要与客户以及另一方的法律顾问进行沟通处理。在协议规定下被许可方需要承担更多的义务，许可方很可能认为被许可方没有履行其职责，因此一般情况下，许可方往往是发起争议的一方。毫不奇怪，迄今为止，许可方提起的最普遍的争议是被许可方没有按照协议规定支付所有的特许权使用费。

## 不同行业的知识产权许可策略

通常，当客户面临被起诉或面临被起诉的危险时，尤其是和专利有关的诉讼时，才会寻求知识产权诉讼律师的帮助。很少有专利诉讼会一路走向法院，大部分的专利诉讼在付诸法院之前会达成和解，双方签署许可协议。我的客户分布于不同行业——通信、支付处理、出版、消费性电子产品、电子商务以及品牌服装等。自从执业以来，我的业务所属行业组合已经发生了巨大变化。在我开始从事专利工作时，几乎所有的客户都是通信商以及半导体制造商，包括处理器和存储器制造商。类似于通信和消费性电子产品的行业，会很容易成为专利侵权诉讼的目标。此外，我还帮助专利所有人一起行使专利权并实现专利价值。

消费型电子产品制造商经常会发现，要么自己成为提请诉讼的对象，要么收到其他专利持有人发来的信函断言其产品侵犯了他们的专利。这些专利很有可能只是涵盖了产品的一小部分，但专利所有人仍然希望制造商能根据整个产品的销售价格按比例支付一定的特许权使用费。这就导致了一个问题，也是消费型电子产品制造商经常碰到的一个问题，即"权利金堆叠"。专利权人可能认为，产品销售价格的1%或2%作为特许权使用费是比较合理的。然而，如果制造商已经向其他的专利持有人支付了一定的特许权使用费，这种累积（堆叠）效应将很快将产品的可营利性吞噬殆尽。这就为消费型电子产品制造商的代理律师带来了巨大挑战。要交纳合适的特许权使用费、履行现有协议下的义务，还要考虑将来被要求签署更多许可协议的几率，律师需和客户权衡利弊，在其中作出合理周到的安排。

然而当律师和品牌服装公司合作时，会面临着截然不同的挑战。在此类情况下，名人将他们的知识产权（通常是姓名权或肖像权）授权给某服装品牌，他们和其他许可方一样期望从该服装品牌获得收益。相对而言，他们的关系不是那么对立，且基本上都需要律师来帮助搭建合作关系。通常，问题的根源都和哪一方对品牌有着更多的控制权有关。计划在品牌服装生产方面进行大量投资的服装制造商可能会认为自己应该在知识产权方面拥有更为利害攸关的关系，而拥有知识产权的许可方也会有同样的想法。通常，许可方会认为自己开发了具有潜在价值的品牌或名称，理所当然应该从品牌服装的销售中获得更多的收益。另一方面，已经预先进行了大量投资的被许可方面临着巨大的经济风险，他们会认为自己理应得到更好的回报。这时律师所要做的就是需要缓解各方的紧张关系。因为双方的利益基本上是一致的，因而最终通常都能够达成可以接受的协议。

## 同许可方及被许可方进行的合作

同许可方合作与同被许可方合作，两者存在着很多类似之处。几乎在每一个案例中，金钱都是背后的驱动因素，然而双方的动机却大不相同。许可方和被许可方都希望能够达成一个经过精雕细琢、能够预测在协议期内可能出现的问题并提出解决问题的机制的许可协议。归根到底，合同双方都不希望将来还为许可协议的某些条款而争论不休。

许可方的许可动机大致可以分为两类。有些权利人将知识产权许可视为一个新的创收来源，其更加关心从许可协议中获得尽可能多的金钱。而有些权利人更关注保护他们的业务及市场份额，更渴望在许可协议中增加保证被许可方不会侵害其业务、损害其商业利益的条款——这就意味着可能限制许可知识产权的应用，要求支付特许权使用费（这将增加被许可方的开支），或者是限制被许可方使用许可知识产权的区域范围。

当被许可方签署一项许可协议时，通常有以下几种动机。首先，也是最重要的一点是，被许可方希望花费最少的资金获得许可方的知识产权。这在我的专利执业实践中表现得尤其突出。无论是一次性付款还是支付持续权利金，对费用的商议都是谈判过程中最耗时的环节。其次，被许可方希望确保许可协议能够解决合同双方所有的争议——在由于诉讼而达成的许可协议中尤其如此。通常，这就需要起草一份单独的文件或者是作为协议的一部分，对被许可方过去或未来有可能出现的侵权行为免除责任。最后，被许可方希望协议不要给其施加一些需要在将来履行的不合理的义务。

说到底，被许可方还需要经营自己的业务，他们期望义务的履行不会妨碍自己的业务经营。因此，专利被许可方通常希望能够一次性支付许可总费用。这样就能避免潜在的成本支出，节省时间和金钱，而且无需追踪许可产品的销售情况，无需提交特许权使用费报告，这就给实付金额增加了更多的确定性。有时许可方不会同意一次性支付许可费用。大多数情况下，被许可方希望通过协商争取采用特许权使用费报告及付款计划，前提是不会给被许可方造成不当负担。

## 和客户的首次会面

不论是面对意欲进行知识产权许可的客户，还是想获得知识产权许可的客户，我与客户的首次会面通常会以确定客户的准确目标为开始。了解客户的业务或行业同与客户直接讨论其目标具有同等重要性。客户的主要目标通常是可以预见的——很明显，如果客户希望获得许可，其目标就是尽可能地节省资金；如果客户希望进行知识产权许可，其目标就会是通过许可协议获得尽可能多的资金。许可方还必须考虑其他一系列的问题。比如说，他们必须考虑是接受一次性付清费用（paid－up license）还是倾向于持续（ongoing）支付特许权使用费。许可方还必须考虑是否对许可的知识产权的使用进行限制。许多考虑因素的关键在于许可方的主要目标是希望增加收入还是想利用知识产权在同竞争者的竞争中占据优势地位。

除了考虑希望支付给许可方的费用外，被许可方还需要考虑许多其他因素。例如，被许可方是否愿意对每一件许可产品都支付持续权利金（ongoing royalty），以及在何种条件下他们才愿意支付持续权利金。另一种情况是有时许可方会有一揽子专利或专利组合，被许可方必须考虑是希望获得一小部分专利，还是希望获得更多的专利许可。

初次见面时，客户的角色是针对和潜在的许可协议相关联的商业目标提供一个整体趋势或大方向。我的角色则是给客户提供最好的服务，帮助客户达成目标。另外，我的工作还包括帮助客户解决许可协议中出现的问题，尤其是针对特许权使用费和限制条件，而为客户提供必要的建议和指导也是我的职责所在，目的是帮助客户以专业实用的方式作出商业决定。

### 在许可过程中清除谈判障碍

在许可谈判过程中，双方遭遇的最普遍的障碍就是金钱，而谈判最长久的部分往往就是为许可协议制订一个财务框架。这通常会促使谈判过程延长，合同双方都试图解释自己的经济立场，维护自己的经济利益。

当我作为被告的代理人进行专利诉讼时，经常会遇到这样的障碍——被告方通常会有一种强烈的感觉，坚信自己没有侵犯他方的专利，因此无须支付特许权使用费。当然，在这种情况下，原告对被告的未侵权的辩论会强烈反对。最后，在对诉讼成本、败诉的风险以及签署许可协议的成本之间进行综合权衡之后，达成和解签署许可协议往往是被告方必须作出的一个商业决定。

一旦确定了财务框架，在商讨许可协议的实际过程中还会产生许多其他障碍或问题。合同双方对知识产权的适度限制以及许可条件的有效期限可能存有严重分歧。另外可能出现的也是经常预料不到的一个问题是，对知识产权的技术改进及衍生工作的处理。举例来说，如果专利的被许可方对许可专利技术作出了改进，这就产生了谁是这些技术改进拥有者的问题。因此就知识产权潜在技术改进的归属权问题双方预先达成共识，这一点就显得尤为重要。技术改进的拥有者一方对倾向于用一个更宽泛的视角来定义"改进"，而另一方则有可能对"技术改进"的定义进行限制。因此，最好是在签署许可协议时就对"技术改进"进行合理的定义，这显然要比后期费时费力地争论要好得多。

当许可涉及专利组合或商标组合许可时，则可能会出现另外一些障碍。如果在某一时间突然发现有些专利或商标无效，或者注册权被撤销，这时合同双方往往对如何处理许可感到无所适从。如果所有的专利或商标无效，处理情况自然是很清楚的。但如果其中的 5 个专利或商标失效，而被许可方恰恰对这 5 个专利或商标感兴趣呢？按照我的经验，许可方和被许可方很可能对此类问题的解决方案存有严重异议。许可方通常会认为，只要其中的一个专利或商标有效，被许可方需要许可产品的销售额支付同样的特许权使用费。相反，被许可方会认为既然所许可的专利或商标减少了，就应该减少需支付的特许权使用费。

另外一个比较普遍的障碍是损害赔偿问题。如果一商标许可方开始销售品牌服装时，有第三方起诉许可的服装侵犯了商标权，这时就不清楚谁应该为这次诉讼支付辩护费用。是需要拥有商标的商标持有人进行辩护，还是责任应该归属于销售品牌服装的被许可方？在专利许可中也会经常出现同样的问题。因此许可协议中应该包括赔偿的问题，以避免合同有效期内不确定性问题的产生。

## 避免执行知识产权许可策略时的常见错误

在知识产权许可中有一个常见错误，至少从许可方的角度看是这样的，那就是许可行为没有保证被许可方采取必要的步骤来保护知识产权的价值。在专利许可中，保护行为就意味着要求被许可方在许可产品上标注专利号。在商标许可中，要求被许可方将许可商标标记为商标，同时还需要保证许可方对许可产品的质量拥有充足的控制权，以维护品牌的价值。

另外一个常见的错误是——尤其是在排他许可协议中——未能清

楚地标注当涉及第三方侵权时是许可方还是被许可方有权利追究第三方的侵权行为。在责任上的模棱两可，会造成知识产权的强制执行力成为一个长期得不到解决的问题，从而使执行的难度进一步加大。

## 未能遵守知识产权许可协议可能造成的后果

如果被许可方未能遵守许可协议的条款，很可能会给合同双方带来昂贵的经济代价。被许可方未能遵循许可协议，会造成许可方可能终止合同或提起诉讼。即使有时许可协议的条款表达不清晰，同样也会造成上述局面的发生。因此在许可协议中应该避免使用模糊的语言，不要使用未来有可能产生问题的用语。大部分合同都包括诸如如果被许可方不遵循条款要求允许合同终止的条款。如果许可方终止了协议，通常被许可方必须立即停止使用许可产品，否则除了承担违约风险之外，还会承担成为专利侵权诉讼目标的风险。

从许可方的观点来看，重要的是要确保被许可方遵守协议约定。这是因为如果不遵守许可协议会造成许可方损失特许权使用费，另外还因为知识产权许可协议的很多元素就是特别用来保护知识产权价值的。无论知识产权是商标、商标、版权，还是商业秘密，这一点都成立。如果许可方不在许可协议框架内执行其权利，很可能会造成授权产品的贬值。

## 结　　论

去年我从事的最多的知识产权许可案例仍然是专利和商标许可。我注意到被许可方支付方式的转变，很多被许可方要求一次性缴纳或结清许可费用。这样，他们就可以避免提交特许权使用报告等带来的额外开支，并对控制许可协议所产生的总成本费用增加了确定性。

## 改善知识产权许可策略及成果的建议

每个授权许可的情况都是不同的，所以不可能有一个放之四海皆准的许可策略。我发现律师改善许可策略及成果的最有效的资源就是其他的律师同仁。我花费了大量的时间，在我所从事的领域内和其他律师沟通，以学习知识产权许可的最佳做法。另外，我还认识到参加继续教育培训也会使人大有收获，其会使我和法律领域的前沿知识保持一致，在知识产权许可使用方面获得新的见解。

# 要　点

● 花费适当的时间为许可协议中的术语制订清晰的定义。如果协议中所使用的术语有多种解释，那么客户就有可能为术语去争论，并为之耗费金钱，还有可能引起诉讼。另外，清楚地定义许可类型也非常重要。明确授权许可区域可以避免未来被许可方在授权区域之外销售产品所引起的纠纷。当和大公司合作时，许可协议中必须明确附属公司是否能够受益于许可协议。

● 如果客户发现自己成为诉讼的目标或面临着专利侵权诉讼的威胁，需要着眼全局。即使是专利持有方提出考虑为侵权产品收取合理的销售价格，如果制造方已经向其他的专利持有方支付了特许权使用费，那么再次支付的特许权使用费势必很快侵蚀瓦解产品的利润。律师所要做的是帮助客户在支付合适的特许权使用费、履行现有的许可协议以及未来可能需要签订的更多的许可协议三者之间寻找平衡点。

● 在制订许可协议的过程中，律师需要通过让客户识别和潜在的许可协议有关的商业目标，让客户提供许可过程的大方向，并确定，以尽其所能帮助客户达到这些商业目标。律师的责任就是为客户提供必要的建议和指导，帮助客户以实事求是的态度制定商业决策。提供必要的建议和指导也是你的职责所在，目的是帮助客户以专业实用的方式作出商业决定。

● 律师还需帮助客户商议许可协议中的财务条款。在谈判的过程中，最漫长的过程就是制订财务框架，合同双方都试图解释自己的经济立场，维护自己的经济利益。

●　当律师和许可方合作时，需要在许可协议中保证被许可方采取必要的手段维护知识产权的价值。在专利许可中，被许可方需要在授权的产品上标注专利号。在商标许可中，被许可方需要在授权的商标上标记为商标，同时保证许可方对所授权的产品的质量有足够的控制权，以维护品牌的价值。

## 作者简介

乔恩·海兰德（Jon B. Hyland），蒙奇、哈特、科普夫及哈尔（Munsch Hardt Kopf & Harr）律师事务所股东，在知识产权诉讼及许可领域有着丰富的经验。曾在各种各样的知识产权事务中为国内及国际公司做代理，所涵盖的技术也相当宽泛。

海兰德先生曾为客户代理过联邦法院、州法院以及美国国际贸易委员会负责审理的案件。其还在知识产权许可以及专利组合货币化方面为客户提供建议。他的经验涵盖多样化的技术领域，包括电子商务、计算机硬件和软件、半导体和半导体处理加工及封装、电信网络及蜂窝通信、固态储存器以及生物科技等领域。

# 各就各位！预备！出发：保持与时俱进与知识产权许可的最佳实践

伊丽莎白·科拉迪诺
（摩西和辛格律师事务所 娱乐、
知识产权与广告分部，合伙人）

# 引　言

随着技术的进步，品牌拥有商可以在任何时候、任何地点让消费者感知品牌的存在，而如今的消费者所做的购买决定，比起任何时候都要挑剔。在这样一个时代，无论消费者身居何地，公司一方面希望尽可能多的消费者能接触到自己的品牌，而另一方却面临知识产权的保护问题，两者之间的平衡面临越发严峻的挑战。新技术的层出不穷，使得全球化正以一种风驰电掣般的速度朝我们席卷而来，而这必将使法律顾问面临前所未有的挑战。唯一不变的是支配知识产权保护和开发的基本原则，必要时最卓有成效的律师总是能够作出调整以适应瞬息万变的市场。

## 制定全球保护策略的重要性

如今制定全球保护策略比以往任何时候都凸显重要，这在很大程度上是因为技术的进步使得品牌拥有商更容易、更经济有效地去触及世界各地的消费者。如今世界上的诸多国家几乎可以同时接触到一个新上市的品牌，而这使得作出全面推进分阶段进行知识产权保护的决定比以往任何时候都要艰难、更具风险性，而走在潜在侵权者的前面，尤其是在那些实行"先申请制"的国家，面临着更多的挑战。比如说，类似中国一样的国家在历史上知识产权保护制度就落后于其他国家。在中国，客户要推出一个新的品牌，却发现自己面临要么需要从侵权者手中商议购买商标，要么需要采取法律手段来获得商标权的窘境，而这些商标在世界其他地方是归属于自己的。对客户而言，在知识产权不能获得有效保护的司法管辖区域扩大现有品牌，所面临的风险是"品牌的贬值"，其对销售和市场份额也会产生相应的负面影响。

为促进客户的全球保护工作，律师可以帮助客户识别那些知识产权没有得到充分保护或对潜在侵权有利的区域，并和客户一起努力，充分利用现有的法律法规，以积极主动的方式发展实施保护知识产权的战略，而非被动地通过诉讼、仲裁或其他手段追究侵权者。

## 针对许可协议的重要元素进行协商

作为法律代表，在客户意图从事商业活动的区域内利用法律保护客户的利益，满足客户的商业需求是我的职责所在。无论是代表许可方还是被许可方，在交易的初期便让法律介入有着不可估量的价值，因为让律师了解双方从何处开始，交易是如何进展的，可以有效帮助、促进和解方案的达成，并取得最终的成功。

考虑到如今母子公司组织结构的大行其道，协议的双方一旦确定，接下来务必要小心谨慎，要确保将具有或控制被许可的知识产权的主体命名为许可方，要对被许可的知识产权以及许可范围进行精确描述，包括许可有效期限、许可区域和其他限定条件等，这都至关重要。比如说，有些许可方希望被许可方在某一规定日期内启动所授权的商品销售或开展所授权的服务，然而，被许可方却希望能够有一个更长的筹备期，以确保更好地履行营销计划，以及有丰富的库存来满足消费者的需求。被许可方可能还会要求一个几年的最初合作期限，以确保自己能从开发新产品或将现有品牌引入到新的领域的付出中获得收益，然而，许可方可能会倾向于一个更短的最初合作期限，在达到一定的经济条件或其他门槛要求时可以选择续约。在谈判阶段就确定终止协议的后果以及货物出清阶段的期限也是非常重要的——因为在没有司法介入的情况下，当协议双方的关系不是因为"自然原因"而终止时，来明确双方的责任和义务都是徒劳无功的。

财务条款也至关重要，因为最终许可方和被许可方都希望从合作关系中获取收益。就许可方而言，其知识产权具备一定价值，许可方也期望从知识产权中获取报酬——通常形式包括预付款、年最低保证金以及基于销售额一定比例的特许权使用费。就被许可方而言，特别是当经营一种新品牌或将现有品牌延伸至新的产品领域时，对财务风险的管控就非常重要，这也是为什么被许可方宁可采用更高的特许权使用费，来换取取消按年度支付的固定的最低保证金。当谈及特许权使用费的支付时，针对会计和审计权在协议中应该有相关的明确规定，包括每年需要进行的审计次数，进行审计时需预先通知的数额要求，如果审计结果出现"不符合"，还要设定"不符"标准，超过标准时就会将审计的费用从许可方转移到被许可方。另外，在协议中还需要讨论许可方是否会在经济上或其他方面，支持被许可方对许可的商品或服务进行市场推广。

质量控制也有可能成为长久谈判的主题之一。许可方在对知识产权的使用情况进行控制的同时，必须要和被许可方希望在尽可能灵活的条件下开展商业活动的愿望达到平衡。通常可以通过下列途径达到两者的平衡：为提交审批的样本列出具体程序，要求许可方在规定的时间对批准请求作出回应（附带说明在某些情况下可以加快进程），并一致同意许可方如果没有及时对许可请求作出回应就视为同意。质量控制还具备终止后（post‐termination）效应，如果不能阻止被许可方通过某一销售渠道抛售现有存货，则会损坏许可方在市场上的名誉。

向侵权者追查的责任分配虽然不是一个花费大量的时间来讨论的话题，但也是一个值得考虑的问题。因为可能存在这样的情况，许可方出于诸如未来更为有利的财务条款等商业原因，倾向于采取温和的方式，而被许可方在开发许可权利时投入了大量的资金，更倾向于采取更积极的立场来保护这些权利。改变上述局面的方法之一就是授予许可方对可能的侵权行为作出回应的优先机会，如果许可方选择不采取行动，则被许可方具备追究侵权者的权利。

在企业破产的情况下如何处理许可也是个重要的问题。当然这不属于本章讨论的范畴之内。《美国破产法》365（n）条[1]规定，只要被许可方完成了授权协议下的付款义务，就可以保留继续开发利用知识产权的权利。但该法律条款并未将商标纳入"知识产权"的定义范围之内。

我们还必须记住：当提到许可方和被许可方渴望形成成功的商业伙伴关系时，两者的利益具有趋同性，但双方对成功的定义是不同的，

---

[1]　U. S. C. § 365（n）（2012）.

这取决于你是拥有知识产权的一方，还是接受所有方有价资产委托的一方。拥有著名商标的许可方也许主要从经济层面上来衡量成功，而在经济全球化中寻求巩固自己市场地位的被许可方或许就不那么看重短期内的盈亏底线，而更看重长期的商业增长。参与诸如知识产权等无形资产交易的法律代表必须对客户的整体战略有一个清晰认识，甚至需要利用自己的专业技能，帮助客户创造或完善战略部署。

## 确认客户的行业和商业目标，成功达成许可协议

我的客户遍布不同的领域，诸如娱乐和媒体、出版、体育、广告、消费品行业、金融服务、健康医疗等。虽然近几年来客户群体的情况变化并不是很大，但是某些行业的客户已开始强调对自己的知识产权的保护，像金融服务业这样创造性不强的行业对品牌化也有了更多的经验和要求，经常要求在商标的价值评估和版权保护方面提供帮助。和许可方及被许可方一同工作的经历，使我对许可交易的每一方所面临的问题也非常的敏感。

尽管磋商许可协议的过程会受到具体行业和具体问题的影响，然而谈判中真正决定哪些问题具有特殊重要性的是谈判方是处于许可方还是被许可方的位置，往往与其所处的行业无关。比如，许可方很可能希望得到一定的经济保证，会寻求不予返还的预付款和年度最低保证金。反之，作为被许可方，尤其是当其把一个现有品牌扩展到一个新的产品或新的服务领域时，为了规避内在风险，被许可方往往会宁愿选择一个更高特许权使用费，而要求减少支付固定金额。

## 确定客户的目标、优先级及可承受的风险

通常和客户首次见面之前，我会尽力去了解客户所在的行业以及所从事的具体业务。理解某一特定市场的运行方式，深刻洞察客户在市场中的运营模式，在客户提到某一具体的许可协议对其整体的商业活动将产生何种影响之类的问题时，上述行为在为客户提供咨询服务

方面将发挥难以估量的作用。因为几乎没有人会花费时间多次召开相互了解的会议，在首次见面之前便做好初步调查，会使我的提问会更有针对性，并能预见我的哪些经验和实践经历能给潜在的客户提供所需要的充分信息，这将有助于客户对于公司和我是否有能力帮助客户满足其具体需求作出决定。

首次会面期间，我会让客户指出本次交易的哪些方面是对他们来说最重要的。有些客户看重经济方面的，而另外一些则看重增加品牌认知度或把公司打造成非常有吸引力的收购目标的机会。在谈判的过程中，随着问题浮出水面或问题得到解决，交易本身也随之向前推进，但最初调研的信息仍然是指导谈判的利器。然而，我们不应当把最初的信息当作交易的指南或路线图，在成功达成交易或将交易置于死地之间，保持灵活的策略带来的结果确实会有天壤之别。

随着和客户关系的进一步深入，律师应该明白客户是如何开展业务的。一些客户能采取各种措施来规避风险，而有一些客户则采取"事前不请示，事后求原谅"方法。在谈判的过程中，许可方和被许可方会承担明确的角色，他们提供业务经营方向和具体的行业信息，方便律师起草制订能够准确、完整地反映"合同各方"的协议内容的文件。律师则会帮助客户确认风险，避开风险。对小的客户，特别是新创办的小公司，两者之间所扮演的角色通常是模糊的，因为客户通常指望律师帮助他们作出商业决定。作为客户的律师，偶尔会被要求承担商务人士的角色，这就是除了通晓适用法律之外，律师还必须对客户的业务有所了解的原因所致。律师还需要充当商务人士的角色。这时，律师就不仅仅是一名法律专业人士，更是一名真正的法律顾问。

## 知识产权许可的最佳实践

通过多种媒介对知识产权进行开发利用的排他性许可非常具有挑战性，尤其是在数码和移动空间领域。随着新技术层出不穷，以及公司开发、利用的技术和消费者建立联系的方式也越来越多，律师在拟定许可协议时，务必要确保受到影响的是只是双方业已达成的权利。

## 代表许可方

随着技术的发展，销售渠道的划分也越来越精细，代表许可方的律师应该在拟定协议时对所授予的权利尽可能地细化，在长期合同中尤为如此，而且还要加上权利保留条款，明确允许许可方保留在许可合同有效期限内对没有明文规定授权给被许可方的权利进行开发利用的权利。律师必须弄清楚客户已经采用哪些措施来保护其知识产权；查明客户使用的商标和版权中哪些已经注册，及所注册的司法辖区是何地；客户是否有风格指南或类似的文档来规划商标的使用方法；以及客户如何对使用知识产权的使用情况进行监督。我经常建议大客户建立自己的监控服务，使监控制度化，促使客户走在潜在问题的前面。

询问客户谁是他的竞争对手及其原因，也非常重要。这样在处理经济问题以及在谈判的过程中出现的其他问题时能够更好地确认行业标准。另外一个有效策略就是建立有关许可协议的表格，其包含"理想"的合同条款清单，这样在谈判的初期就会为许可方提供谈判要点，并能简化谈判过程，尤其是当考虑到一些模板条款时，如陈述与保证、损害赔偿、保险义务、责任限制等。

## 代表被许可方

当代表被许可方时，无论是买断式完全授权还是通过行使选择权或优先否决权，律师应为客户尽量争取尽可能多的权利，帮助客户争取最大可能的成功机会。当专利被应用于一产品时，律师还应该讨论被许可方生产产品的地点以及对设施实施审查的方式，以保证设施满足许可协议的要求。这一点的重要性不仅仅体现在许可方争取对设施的监督权的情况下，在许多其他情况下也至关重要。

如果是制造商的问题或其他方面的原因，造成了被许可方的实质违约，导致许可方提出终止协议，这种情况下通常被许可方会被禁止行使对产品进行抛售的权利，这对被许可方的利益底线会造成灾难性的后果。因此被许可方应该协商争取一个通知及补救期，争取充足的时间对违约行为作出应对并进行纠正；此类条款还应该明确，在某些情况下，在规定的时间内进行补救行为足以避免协议的终止。如果被许可的知识产权是软件方面的，那么被许可方应该确保许可方履行提供更新、漏洞修复、提供新的版本的义务，至于费用可以作为协议中现有特许权使用费的组成部分，或者也可以额外增加一笔双方达成共识的附加费用。

合同双方还应该考虑如何对待被许可方出售许可权的情况，或者是出现了"控制权变更"的情况。虽然通常情况下许可方首选的方式是完全禁止转让，而被许可方则希望有更多的灵活性来发展商业机会，希望在协议中设定某些特定情况（包括潜在受让方的规模和名誉）据此被许可方可以转让协议中的权利。

# 结　　论

随着全球化经济的发展，今后几年的关注点将会继续放在对未经授权使用知识产权的监管上，尤其是针对海外未经授权的知识产权的使用。意识到许可协议的作用是有限的，法律并不总能和经济发展同步，也许将来对类似美国海关与边防局（CBP）提供的"实用"机制的需求会日益增加。商标注册人可以将注册信息在美国海关与边防局注册登记，如有可疑的货物到达美国港口时，美国海关与边防局可随时获取这些信息。阻止货物进入商业流通领域对市场有着直接的作用，还可以潜在地为受到影响的知识产权所有者节省修复受损品牌的费用。类似的机制在国外的司法管辖区也会更加流行起来。

尽管实际的解决方法听起来很诱人，然而，充分利用手中所掌握的工具、方法，包括制定执行双方达成一致的许可策略的文件、和客户所在的行业的商业发展保持同步等来维护客户的利益，正是我们作为律师的职责所在。那些帮助客户为其知识产权开发市场、培育市场的律师，已经被客户视为团队的一员，这样的律师很可能在接下来的几年里都会成为团队中的一部分。

# 要　点

> ➤　帮助客户确认知识产权保护司法不够健全的管辖区及对侵权有利的管辖区，制定积极保护知识产权的战略，推进客户的全球知识产权保护工作。

> ➤　推荐客户在谈判的初期，列出希望达成的条款清单，提高谈判的效率。

> ➤　研究客户所在的市场的运作，以及客户的业务的详情，在客户提到某一具体的许可协议对其整体的商业活动将产生何种影响之类的问题时作到充分准备。

# 作者简介

伊丽莎白·科拉迪诺（Elizabeth A. Corradino），摩西和辛格律师事务所（Moses & Singer LLP）娱乐、知识产权与广告分部合伙人，从业范围多元化，主要包括处理那些对电视、电影、戏剧、出版及数码等多种媒介形式的制作方和发行方造成影响的法律及商务问题。

科拉迪诺女士为那些广告商、广告代理、公关公司、职业体育联盟及娱乐媒体业进行涉及内容创作及利用的方方面面的交易提供帮助，包括权利收购、人才招募、开发制作以及发行。她还在知识产权的检索清查、保护及及执行方面为客户提供咨询服务，并为个人和公司进行诸如赞助及代言协议、现场活动及推广、体验式营销等多元化的交易活动提供建议。

献给：我的姐姐玛丽，为她的幽默、理解及方方面面给予的支持。

# 附　　录

# 附录 A
## 知识产权转让和收益共享协议范本

该知识产权转让和收益共享协议自 _____ 年 _____ 月 _____ 日生效（简称"生效日"）。

双方当事方：

A 公司，一家【州名】【实体类型】公司（以下称为"A 公司"）以及 B 公司（以下称为" B 公司"）。A 公司和 B 公司在下文中称为合同双方。

鉴于：

B 公司拥有【产品】【产品描述】的知识产权（下有定义）（总称主题技术）。

B 公司希望将和主题技术相关的或具体化的所有知识产权【"被转让之知识产权"】转让给 A 公司，作为交换，B 公司将获得鉴于下文提及的对价。

因此，鉴于上述前提和各方在本协议项下的各项约定和保证，以及其他双方接受的充分且良好和有价值的对价，协议双方现达成如下协议，以资信守：

1. 定义

a. "知识产权"定义为_____。

b. "净收入"是指_____。

c. "公司 B 产品"定义为_____。

## 2. 权利转让

鉴于下文提及的对价，B公司将其拥有的被转让之知识产权所有之权利、所有权和利益转让给A公司。

## 3. 更多保证和代理人

B公司同意帮助A公司以任何合理的方式在任何和所有国家保护转让给A公司的知识产权，其中包括向A公司公开相关数据和信息，费用由A公司承担。上述数据和信息包括B公司通过提交申请表、说明书、声明、转让等方式，以申请、注册、获取、维护、保护、执行上述知识产权的所有A公司认为必要的文件及其他材料，以便向A公司及其继承人、受让人、指定人进行交付、转让、传达与此知识产权相关的唯一独占权、所有权及相关利益以及法院证明、其他程序。B公司进一步统一其在此规定下的义务在本协议终止后仍将继续。

B公司同意由于B公司的无效性、解散、身体或心理上不能胜任或任何其他原因造成的A公司不能确保B公司在此业已签署转让的权利，B公司据此将不可撤销地指定A公司或A公司的正式授权人员或其代理为B公司的代理方或代理人，代表B公司执行、提交相关文件和声明以及履行其他法律允许的与此知识产权相关的所有义务，推动专利、版权、掩膜作品❶注册等工作的实施和授权，这些行为具备B公司等同的法律效力。这种委托授权是附带权益之授权，且不可取消。

---

❶ 这里指集成电路布图设计的保护客体，其有不同的称谓，但其本质并无太大差别，美国称为掩膜作品（mask work），中国、瑞典、俄罗斯、韩国称为布图设计（layout - design），日本称为电路布图（circuit layout），欧共体、英国、德国、荷兰、法国、丹麦、西班牙、奥地利、卢森堡、意大利、葡萄牙、比利时、匈牙利称为拓扑图（topographies），《华盛顿条约》、TRIPS及我国香港则将布图设计与拓扑图视为同义词，统称为布图设计（拓扑图），英文为layout - design（topographies）。——译者注

4. 收入分成和收益共享

a. 收入分成。在协议的有效期内，B 公司有权享有净收入的
_____%作为收入分成款（"收入分成的支付"），条件是：

（a）在此期间内，针对转让之知识产权没有专利被授权，此时的百分比应为：_____%。

（b）如果在此时间内，针对转让专利，没有专利被授权，一个第三方的产品进入市场，而该产品对申请中的专利（假设该专利会得到授权）构成侵权。在此情况下，该百分比应该作出一定减少，由_____%降至_____%，降幅应该公平合理，要能够确保收入分成不会使 B 公司的产品在价格基准上丧失竞争性。然而，在任何情况下，该比例不能连续三年降至_____%或降至_____%超过 1 年。

b. 收益共享。在协议的有效期内，B 公司有权享有 A 公司收到对价的_____%（"收益共享的支付"），该对价产生于 A 公司对知识产权产品销售或者转让的知识产权。

c. 支付条款。收入分成款和收益共享款应在每一季度末期 A 公司收到消费者或适用第三方相应款项后 30 天内进行支付。支付货币为美元。A 公司应该向 B 公司出具报告，表明_____。

d. 记录。在协议有效期及有效期满后 1 年内，A 公司应该在其主要营业地点保存与所有交易及 B 公司产品销售活动相关或者在本协议中另有规定的完整、真实及精确的会计账目（根据公认会计原则进行保存）和记录。

e. 审计。为了验证 A 公司发布的报告以及 A 公司是否遵照了本协议下的支付义务，B 公司或其指定代表可以在发出通知 30 个工作日之

后，对 A 公司的会计账目和记录进行审计，对审计工作 A 公司应提供合理的信息获取途径。所有的审计都在正常的工作时间在 A 公司的办公场所内进行，以免对 A 公司的经营活动造成不合理的干扰，且费用都由 B 公司承担。审计活动在一个日历年之内不宜超过 1 次，先前审计发现实质性偏差的情况除外。

### 5. 保密条款

本协议中的条款应该保密。各方可以披露本协议的存在，但不得公开条款内容。该保密条款不适用于法律义务上的披露，例如依据法律传唤进行的披露。如有一方被法庭传唤要求公开本协议的全部内容，应该告知另一方，并给予另一方提请反对的机会。如果没有反对，收到法庭传唤的一方可依据传唤行事。

### 6. 陈述与保证

a. B 公司。B 公司谨向另一方陈述和保证如下：

（i）其具备签署、履行、完成本协议所必需的权利和权威。

（ii）截至协议有效日期起，公司未与任何第三方签订协议或安排、且未形成任何责任和限制，对 B 公司履行本协议下的义务的能力构成任何形式的限制或冲突。无论对本合同的执行、交付，还是实现或遵照本合同条款均不会导致对合同条款条件的违反，或者构成对协议、安排或其他条款的违反，公司不需要任何行政或政府机构的同意、批准或其他行政行为或申报。本协议按照其条款有效、具备约束力以及强制执行力。

（iii）B 公司是所有转让知识产权的权利、产权及利益的拥有方（含提起侵权诉讼、获得侵权损害赔偿的权利）。

（iv）转让之知识产权不存在任何留置权、抵押、担保权益或其他产权负担以及其他转让限制。没有任何悬而未决或正在过程中的诉讼、调查、索赔会以任何可能的方式对转让的知识产权造成影响，亦没有任何诉讼、调查、索赔的威胁与之相关。没有和任何人、实体达成的现有的合同、协议、选择权、承诺、提议、招投标、报价或权力，来购买这些权利。

（v）不存在针对 B 公司的悬而未决的或最近对 B 公司形成威胁的诉讼、调查，来质疑本协议、以及与 B 公司许可的知识产权有关的实际或潜在知识产权的有效性，或者质疑 B 公司完成本协议在此规划的交易的权利。

（vi）转让之知识产权中，其未曾或未被卷入任何重新审查、重新授权、冲突程序或任何类似程序，没有此类悬而未决的诉讼以及受到此类诉讼的威胁，转让的专利不能因任何原因而被发现无效或不具备强制执行力。B 公司未曾受到来自任何来源的任何类型的通知或信息，说明其知识产权可能会不具备强制执行力。

（vii）就 B 公司所知，转让之知识产权主题技术并未侵犯或侵占任何第三方的知识产权。就 B 公司所知，针对转让之知识产权的相关知识产权权利，B 公司过去、现在从未注意到有来自其他方的侵权或威胁的侵权、或任何索赔。

（viii）B 公司并未从事任何可以导致转让知识产权失效、或对起强制执行力形成障碍的行动，或者并未遗漏执行任何必要的行为。

b. A 公司。A 公司在此陈述并保证如下：

（i）A 公司是一家根据【州】的法律合法设立、有效存续、声誉良好的【实体类型】。

（ii）A 公司已采取所有必有的行动并得到正式授权进行与本合约相关的签署与履行事宜；

（iii）A 公司具备所有必需的权利和授权来签署、履行本协议。

（iv）截至签署日期，A 公司未与任何第三方签订协议或安排、且未形成任何责任和限制，包括因遵循来自本公司的机构文件、规章制度或任何其他规定而对 B 公司履行本协议下的义务的能力构成任何形式的限制或冲突。无论对本合同的执行、交付，还是实现或遵照本合同条款均不会导致对合同条款条件的违反，或者构成对协议、安排、组织文件、规章制度或其他条款的违反，公司不需要任何行政或政府机构的同意、批准或其他行政行为或申报。本协议按照其条款有效、具备约束力以及强制执行力。

（v）A 公司将作出商业上合理的努力来遵守本协议规定之条款，并寻求对转让之知识产权的保护。

### 7. 合同期限及合同终止

本协议在生效日期开始生效，直至构成转让之专利、或转让专利中的专利或专利申请最后一个期满为止会一直保持完全的效力。另外，在另一方违反此协议条件条款并在收到违约通知 30 天后仍未纠正其违约行为任何一方可以提出终止协议。否则，本协议不得终止，但双方有书面协定的情况除外。假如协议的终止不是因为 B 公司未能纠正违约而 A 公司提出的终止而是其他原因造成的，转让之知识产权则会退还给 B 公司。而且，如果 A 公司在 6 年内未能确保主题技术的专利保护，B 公司还可以在向 A 公司提前 30 天发出书面，终止此协议。

### 8. 其他约定

a. 通知条款。任何一方给予另一方通知、要求、指示或其他文件，应以书面形式通过传真（收到确认）、国际公认的快递服务（收到确认）或通过美国邮政挂号信其预付邮政的形式，

如果寄给 A 公司，地址是＿＿＿＿＿＿＿＿＿＿＿＿＿＿＿

如果寄给 B 公司，地址是＿＿＿＿＿＿＿＿＿＿＿＿＿＿＿

或者寄往另一方通过类似通知明确指定的地址。通过上述方式书写地址并邮寄的任何通知应该被认定为正式送达，时间以接受者的当地时间为准，具体为送出后第三天营业时间结束之前。如果通知是通过传真的方式，通知被视为在收到对方电话确认的那一刻起正式送达。

如果是通过国际快递服务的方式，正式送达时间应以快递服务公司的书面送达通知上的时间为准。下列快递服务上应被认为是"公认"的递送本许可协议的快递服务商：DHL、联邦快递、美国邮政服务以及航空快运公司。此处所含的任何内容均不能成为在即刻通知是合适的的情况下却未给予另一方以口头通知的借口或为未给予口头通知的行为进行辩护，但这种口头通知不能满足或代替书面通知的要求。

b. 完整协议。协议双方一致同意本协议构成 A 公司和 B 公司间唯一、完整的合同，取代先前或临时达成的一切协议，无论协议是口头还是书面的、明示或默示的、具备何种效力或执行力。本协议的条款具备契约性而非仅仅叙述。修改、变更本协议或放弃本协议项下的任何权利或权力不具备法律约束力，除非有双方书面订立文件明确引用该协议并由双方签署生效。

c. 效力瑕疵/可分割条款。若本协议任何条款或部分被认定为无效、非法或不具备强制执行力，应该对此类条款或部分作出微小变化（且只限于微小变化）使其具备效力和强制执行力。本协议任何条款或部分被认定为无效、或不具备强制执行力，不会影响本协议其他条款和部分的有效性和强制执行力。如果本协议中的无效或不具备强制执行力条款或部分根据适用法律经过修改具备效力和法律执行力，这些条款和部分应被认定和目前未做变更的协议并无二致。

d. 累积补救措施。除非另有规定，此处赋予一方的所有补救被认为是累积的，并不排除其他赋予的、或根据法律或平衡法规定的任何其他补救。一方采取的补救措施并不排除其他的补救行为。

e. 适用法律。本协议的管辖和解读应根据美国得克萨斯州法律，不需引用法律抵触法则。双方同意由本协议引发的司法管辖权、审判地及诉讼程序都应在得克萨斯州哈里斯县进行。

f. 转让条款。未经另一方书面同意，任何一方不得将本协议进行转让；任何被禁止的转让行为均未无效。本协议应对协议中各方利益及各自的继承人及受让人构成约束和保障。

g. 协议解释规则。该协议不应构建为针对制订协议的一方，而是应该针对双方联合制订本协议，且任何不确定或歧义不应该解读为针对某一方。双方一致同意为了执行本协议条款而进行的任何行为针对彼此不会启用逆合同草拟人利益解释规则（contra proferentem）。就所有情况而论，本协议的语言应该简洁，基于公平含义，不会完全地倾向于或反对某一方。本协议中的段落标题只是为了便于双方的理解，不用影响本协议的构建和解读。

h. 律师费用。双方同意因违反或执行本协议的过程中产生的任何诉讼，胜诉的一方有权获得合理的律师费用和成本。

i. 副本。本协议可以签署不同的副本，任何副本的执行和履行都应等同于正本，但所有的副本放在一起应构成唯一一个相同协议。该协议在最后一方签署之日起生效并得到完全执行。具有一方或其授权代表签字的传真件或复印件和带有签名的原件具备同样的法律效力。

j. 交易费用。不论本交易是否完善，由本协议关联产生或交易在此预估的成本和费用（包含法律、会计费用及开支）各方承担各自费用。

k. 声明与保证的限制。除了协议有明确规定，任何一方均不应视为作出或已经作出任何其他陈述与保证，无论是通过明示还是默示方式。任何一方都会拒绝承认所有其他保证，无论明示还是默示，包括但不限于适销性以及针对特定用途的实用性的默示保证。

本合同双方在上述日期签署本协议，特此为证。

[**A 公司**]

签字：_____

姓名：_____

职务：_____

[**B 公司**]

签字：_____

姓名：_____

职务：_____

（迈哈非韦伯律师事务所埃里克·亚当斯提供）

# 附录 B
## 非排他性许可协议的条款清单范本

　　下文是许可方约翰·多伊作为个人（以下称"许可方"）和 Acme 公司（以下称"被许可方"）关于本协议所述的许可标的物（Licensed Subject Matter）签署的非约束性协议概要。本条款清单并不是一个报价建议书或构成具有约束性的法律义务，其仅仅是对一些提议条款的说明。基于在此陈述条款或其他双方可能达成一致的条款，合同双方都有推动此事的意愿，并本着诚信的态度进行协商，以期完成并签署一份或更多的明确的书面协议。

　　1. 许可标的物为申请号为【_____】的美国专利。目前许可方拥有许可标的物的所有权利一切权利、所有权和权益。

　　2. 许可方授权给被许可方在全世界范围内运用许可标的物制造、委托制造、使用和（或）销售产品的非排他性权利，同时被许可方需要支付给许可方特许权使用费。许可方授权被许可方订立符合本协议的分许可协议，前提是被许可方应对分许可持有人是否遵守本协议规定进行运行承担责任。就如同被许可方自己进行运营的效力一样。包括特许权使用费的支付——不论分许可持有人是否向被许可方支付特许权使用费以及对被许可产品质量的合理控制等。合同中的"产品"是指按照目前的发明生产出来的单一个体，很可能未来会生产出大量的物品（即产品），包装在一起进行销售。

　　3. 鉴于许可方授权给被许可方的权利，被许可方需要向许可方支付以下款项：

　　a. 许可方和被许可方之间的许可协议一经签署，被许可方需要向许可方支付一次性付款_____美元。

b. 提成费的比例为被许可方或分许可持有人第一_____❶销售专利产品的销售总额的_____%，该产品许可标的物中包括的有效专利申请或已被授权的专利的保护。

c. 提成费的比例为被许可方或分许可持有人第二_____销售专利产品的销售总额的_____%，该产品许可标的物中包括的有效专利申请或已被授权的专利的保护。

d. 提成费的比例为被许可方或分许可持有人接下来的_____销售专利产品的销售总额的_____%，该产品许可标的物中包括的有效专利申请或已被授权的专利的保护。

e. 自协议签订之日后 1 年起，如果实际销售额产生的特许权使用费超过了每年所提交的最低特许权使用费，则每年应提交的最低特许权使用费_____可以从实际销售额产生的特许权使用费中进行抵免。

4. 被许可方会按照季度，向许可方提交特许权使用报告，描述在该季度内被许可方及分许可持有人的经营情况。特许权使用报告应该包括以下内容：所生产的需要支付特许权使用费的产品的数量；产品的销售总量；在其基础上计算特许权使用费的数额；按照季度所要支付的特许权使用费。

5. 被许可方会根据行业标准付出合理的努力最大限度地销售需要缴付特许权使用费的产品。被许可方在日常的经营过程中利用合理的努力，对需要支付特许权使用费的产品进行市场营销活动。被许可方会保持充足的销售渠道，并遵循良好的商业道德。

---

❶ 季度等。——译者注

6. 许可协议将在许可标的物的有效生命周期内保持有效，但有如下限制：

a. 自许可协议生效期_____年后，如果被许可方在收到许可方有意向终止合同的书面通知 90 天内仍无法向许可方提供满意的证据来证明被许可方或分许可持有方正在对包含许可标的物的产品进行商业化或积极尝试商业化，则许可方有权在任何时间终止许可协议。

b. 自许可协议生效_____年后，如果被许可方和分许可持有方未能使包含许可标的物的产品没有达到或超过_____年的销售定额_____，许可方有权在任何时间内终止协议。

7. 许可方保留出售或转让许可标的物的权利。如果许可方计划将许可标的物进行出售或转让，在具备相同或超过善意报价的情况下被许可方具有优先购买权。选择不行使优先购买权利将导致许可协议和分许可协议的终止，只保留处置现有库存之有限权利。

8. 如果被许可方破产或无力偿还债务，或者被接受或托管，则许可协议可不经通知自动终止。

9. 对围绕许可标的物产生的第三方侵权行为，许可方和被许可方都没有对第三方提起法律诉讼的必要义务。然而，如果一方选择不对第三方提起法律诉讼，则另一方将有权利对其提起法律诉讼，并承担相应的诉讼费用，并享有由此产生的任何收益，承担由此造成的损失，或通过赔偿等达成庭外和解。

（经由欧伯、卡勒、格兰姆斯和斯莱福律师事务所罗威尔·克雷格提供）